How to
Get a Date
Worth Keeping

美好约会
情感教练的
32堂恋爱课
指南

[美] 亨利·克劳德 著 / 宋慧媛 倪斌 译

河北科学技术出版社
· 石家庄 ·

Originally published in the United States of America under the title
How to Get a Date Worth Keeping
Copyright © 2005 by Henry Cloud
Published by arrangement with Zondervan, a subsidiary of
HarperCollins Christian Publishing, Inc. through The Artemis Agency.
All rights reserved.
版权登记号：03-2023-196

图书在版编目（ＣＩＰ）数据

美好约会指南 /（美）亨利·克劳德著 ；宋慧媛，
倪斌译．-- 石家庄：河北科学技术出版社，2024.4
书名原文：How to Get a Date Worth Keeping
ISBN 978-7-5717-1969-2

Ⅰ．①美… Ⅱ．①亨… ②宋… ③倪… Ⅲ．①恋爱—
通俗读物 Ⅳ．① C913.1-49

中国国家版本馆 CIP 数据核字 (2024) 第 067774 号

美好约会指南
MEIHAO YUEHUI ZHINAN

[美]亨利·克劳德/著　宋慧媛　倪斌/译

选题策划：小盐粒儿	责任校对：徐艳硕
责任编辑：李　虎	特约编辑：霍雅楠
美术编辑：张　帆	封面设计：高　蕾

发　　行：河北科学技术出版社
地　　址：石家庄市友谊北大街330号（邮政编码：050061）
印　　刷：河北尚唐印刷包装有限公司
经　　销：新华书店
开　　本：880mm×1230mm　1/32
印　　张：9
字　　数：164千字
版　　次：2024年4月第1版
印　　次：2024年4月第1次印刷
定　　价：59.80元

献给全世界的单身人士，

盼望你们能够发现

约会之旅原来是一次伟大的探险——

充满趣味性、成长性，

还会结出累累硕果！

谢谢你们

邀请我做你们的约会教练。

你们和你们的成功就是本书的灵感所在，

感谢你们允许我陪伴同行。

目　录

第二部分　实操练习

致 谢

感谢 Zondervan 出版社的执行编辑姗迪·万得·兹克（Sandy Vander Zicht），几年来，你一再向我约稿，要我写写如何做约会教练，没有你的执着，就没有这本书。衷心感谢你的全心付出，帮助读者们追求美满生活！

感谢双耶出版代理社（Yates and Yates）的西利·耶茨（Sealy Yates）和珍娜·莱德贝特（Jeana Ledbetter），有你们这般出色的代理人，此类项目才得以启动和圆满完成。我很钦佩你们，你们在出版业兢兢业业工作多年，很感谢你们一路以来对我写作的帮助，你们是"真信息"的好管家。

我的社区伙伴们，感谢你们给予我慷慨的帮助和扶持！每一天我都为生命中有你们而感恩。

感谢克劳德与汤森德资讯社（Cloud-Townsend Resources）的每一位同事，我热爱我们这个优秀的团队、大家庭，你们对他人成长的关心和付出每天都鼓舞着我。

我还要特别感谢莉蕾·奈·卡申（Lillie Nye Cashion），同意我在这本书中写你和欧迪（Audie）的恋爱故事。你们用勇气来面对约会，我希望所有单身人士也能如此实践，改善约会状况。很荣幸我能目睹你们的"伟大旅程"，很开心能在此回忆并书写你们的故事。

亲爱的伙伴们，加油！

教练之开篇心语

有一档叫做《机智问答挑战》(*Jeopardy*)的电视游戏节目，它要求参赛者根据给出的答案反推问题。假如你上了这个节目拿到的答案是"约会"，问题类别是"单身生活"，你猜问题会是什么？我想到好几个能得分的问题：

· 人生中最令人兴奋、让人活力焕发又充满冒险的活动是什么？

· 什么活动最让人坐立不安、痛苦万分？

· 什么话题最具争议，还讲不清楚？

· 什么活动让人最快成长？

· 单身在哪个活动上接受的培训又少又差？

- 什么活动的结果通常会改变人的一生？
- 什么活动对一个人极其重要？
- 什么活动是许多已婚人士渴望能再重头来过的，希望"这次一定要搞对"？
- 什么活动可遵循的原则很少，人们却亟须指导？

啊，是约会！人们渴望约会、恨恶约会、贬低约会、推崇约会、痴迷约会，我们还听到有些人禁止约会。不管我们嘴上承认与否，约会依然占据着单身人士的心灵。为什么？因为约会既可能妙不可言，亦可能令人痛苦心碎。当它死水一潭、沉寂不动时，人则沮丧郁闷。

正因为如此，有人花大量时间享受约会，有人则完全逃避约会。不好的经历导致有些人放弃约会，还建议他人不要约会。通过我个人的生活和多年服务单身人士的工作经历，我深刻体会到个中的困窘与艰难。一方面，约会可能会极痛苦，满是挫折、伤害；但另一方面，约会可能很美妙，能带来人格和心灵的成长，甚而找到佳侣良伴，结婚成家。

那么，本书要回答的问题来了：人应该如何约会？几年前，有单身朋友问我，他们为什么找不到合意的约会对象，于是我开始对这个问题进行研究。他们不知道哪里出了问题，是他们本身有问题，还是他们的约会方式不对；他们怀疑"外边世界"那些单身人士们出了问题；他们想知道好男好女都在哪里；有些人甚至归咎于命运。在反复多次遇到这些问题之后，我就组成了几个约会小组，进行研究并找到了症结所在，然后制定了解决方案，问题和方案都将呈现在本书中。

我将讨论约会停滞不前和约会无果的问题，前者是指几乎没有约会或约会生活不够活跃；后者指有约会却没结果，也就是说，约会陷入了某种破坏模式，比如有人吸引不到好的约会对象，吸引来的都是不合适的"烂桃花"，或是其他诸多不合宜、不健康的模式，不胜枚举。

仅仅理解了问题是不够的，你想要的是改善约会状况，因此我向你推荐本书。既有理论又有实操计划，是这本书的特点。众多的单身朋友在实践了本书中的内容之后，有了健康的约会关系，成功地收获了婚姻。我相信这本书会给你带来生命的生长、拓展和约会！

如果你还单身或者你目前的约会关系不尽如人意，我为你难过，因为曾无数次听到单身们的艰难处境，我能深深体会到你的感受。这本书完全源自现实生活中的真实素材，我祈祷它帮你解决现实生活的真实问题，找到好的约会对象。

来吧，让我们一起踏上美好的约会旅程！

第一部分

问题何在

第 1 章

为何真爱难觅

在一个平平常常的晚上，我和辛辛那提周末研讨会的运作团队一起出去用餐，我们一边点菜一边闲聊，忙碌中停下来喘口气，无意讨论如何改变人生。而接下来发生的事，却大大出乎我们的意料。

"我从没想过在人生这个时点，自己会做这些事情。"莉蕾随口提到工作。

"什么意思？"我问。

"哦，我一直以为到这时候我应该已经嫁人了，每天相夫教子啊！"

我心想这可以理解，许多三十好几的女性也是这么认为的。

然而她接下来说的话，我却不大懂——"但是上天没有为我做那样的选择。"

我侧耳倾听，想知道她到底什么意思。虽然我相信我们的生活是被引领的，但我不明白，她为什么将自己的处境理所当然地归咎于上天。我思维里面的"心理学家"和"神学家"都警觉起来：她不愿单身却单着，她可能是在逃避什么责任？我对她足够了解，她单着可能有自身的原因。

我问："你说'上天没做那样的选择'，是什么意思？"

她回答说："是这样，我相信上天会把我该嫁的男人带到我的生活中来，可那个男人至今还没有被带来啊！"有了这句话，我就可以开始指正她，她下面说的话更是直接激我"开火"。

"或者说，上天把这个男人带进了我的生活，还没有给我需要他们的感觉。"

"上天没有'给你感觉'。此话怎讲？"

"面对你要嫁的人，你自然会对他有感觉，而我对所有认识的男人，一个都没有感觉。"

"是谁的感觉——是你的还是上天的？"

"你是什么意思?"她有点儿愠恼地问道。

"好吧,听上去你对上天颇有怨言。你怎么知道他没有把十个好男人带进你的生活,但是你内心的某些问题使你对他们没有感觉,没有那种你需要的感觉。还有,你怎么知道不是你的问题阻碍你识别出你身边的好男人并爱上他?为什么你假定这些都是上天的错呢?"我感觉自己好像身负使命,在捍卫上天的荣誉。

"不敢苟同!对的男人会被带进我的生活,我只需要等待!"

"等待的结果怎么样啊?"

"你什么意思?"

"你多久没约会了?"

她有些迟疑,看上去很尴尬。我没想令她难堪。刚才她言之凿凿、自信满满地和我针锋相对,此时她胆怯的样子倒让我措手不及。

"两年。"她说。

"什么?"

她承认说:"我两年没有约会了。"

我纳闷这怎么可能,她容貌迷人,性格开朗,与人相处愉快,各方面都出类拔萃——有这些特质,通常不愁约会。得知她持这样的观点,我恍然大悟,她缺乏约会,是因为她坐等梦中的男人来找她，以及一些个人因素干扰了她结婚的愿望。除此之外，我想不出其他原因。她真的想嫁人，却被囿于原地。

我看着眼前的莉蕾—— 一个迷人、漂亮的女子，正值芳华却郁郁寡欢。我真心想帮助她，而且我自认为可以帮助她！于是，我突然有了一个"计谋"。我向她发出挑战："莉蕾，我要和你打个赌。让我来做你的约会教练，如果你按我的要求做，我保证，你在六个月内一定会开始约会。"

她震惊地看着我："什么？"

"就是我刚才说的。让我来做你的约会教练，如果你按我的要求做，我保证，你在六个月内一定会有约会。但是有一个条件，你要完全服从我要求的每件事，什么都不要问。我保证，不会要求你做任何不道德、不合理或违法的事情。但是你必须按我所说的去做。"

同桌的人都默不作声。我看得出他们在思忖，要是换作自己，是否会接受这一神秘的挑战。而且我也看得出，莉蕾在权衡着这件事。她真的想做这么疯狂的事吗？贸然答应遵行一个完全未知的计划？我知道，我挑战她的"约会观"惹恼她了，她想接受这个"赌约"来证明我错了。

果然不出所料！莉蕾在悬念高挂之际，扬声说道："好！我和你赌！"

她真的接受了挑战！这有点出乎旁观者的意料。与此同时，我心中已有了方案，便趁热打铁抓住机会。

"好，你的第一个任务：记录下每周你新认识的男人的名字，周末把名单发送到我的邮箱，持续一个月，这样我们可以数一数有多少个男人有机会约你。"

"你开玩笑吧？"她说，"我不需要执行这样的任务，现在我就能回答你：没有。"

"你说'没有'是什么意思？"我问她。

"就是一个都没有。我从来没遇到新的男人。我每天上班，到办公室见到那六个或八个同事，然后下班回家，吃了晚饭和我室友一起看电视。周六我会处理个人琐事，有时间再闲逛逛，周日去同一个教堂，见的都是老面孔。每周我的生活内容都是如此，从来都没遇到什么可以约会的新的男人。"

"这个我不管，我还是要求你做这个记录。你要记录下来的男人必须满足这三个条件：第一，你之前不认识他们；第二，你和他们有足够的接触和了解，他们才会想约你出去；第三，他们能联络上你，比如人家得知道你的名字，能找得到你。现阶段不急着约会，不要有压力，我只是想了解下你目前的状况，如果记录结果确实是零也没关系，我们按这种情况制定应对方案，我只是需要知道你当前的真实状况。"

她对我给的第一个任务很不以为然。我猜她可能胸有成竹，自以为会轻松赢定我。但是这个任务的目的不在于帮她出门约会——还没到那个阶段。我是要试着帮她不再否认现实，睁眼看看自己的现实景况。

两年了，她几乎没有约会，死气沉沉，她却不肯面对现实，还笃信一套理念，认为她不需要做什么，只要等着，上天会出手干预，供应一个男人给她。这个没有任何依据的想法令她盲目，看不到自己被围于原地，而且已经很久了。我的目标是让她看到自己的真实状况，并对自己秉持的理念懊悔和死心，我要让她意识到，她的方法行不通，执行这么久了，也不奏效。我要让这个意识触动并烦扰到她。如果我试图去说服她，告诉她错了，那不会发挥作用，我想让她自己意识到她的约会状况。这就好比让一个人记录并计算自己的收支，能令他清醒过来，看到自己账上余额不足的现实。让莉蕾做这个记录，我希望她清醒过来，看到自己缺乏约会这个现实。

在我的计划中，有很多她要完成的任务，她完成一项任务我就再派下一项任务。就这样，最后她遵照执行完了所有的任务。令人振奋的是，她坚持了下来，完成了我的"教程"！

在我俩的完美配合下，五个月后，她找到了一个很靠谱的对象。就在本书成书前的几个月，我为她主持了婚礼，她嫁给了一个优秀的男士。

有一天，我们聊天，她回首笑谈从打赌开始所发生的一切：

"结婚了真好!"很快她又补充道:"但是,只有嫁对了人,婚姻才美好。"

我非常为她高兴,她实现了自己结婚的梦想,还嫁得好郎君,对我来说这是完胜。帮助莉蕾实现约会的实例说明,约会这个目标不难实现。

本书不仅希望你能有美妙的约会生活,而且能帮助你与值得拥有的人约会,甚至步入婚姻的殿堂。

我会在此书中教你策略,盘活你的约会生活,有更多约会,并且和更多更好的人约会。我会用我指导莉蕾的这个教程,再加上提示,带领你践行这个教程。如果你准备好跟从我的建议,我相信你也会找到好的对象。准备好了吗? 我希望你准备好了!

那么,让我们先做个自我检查,看看你是否准备好了。

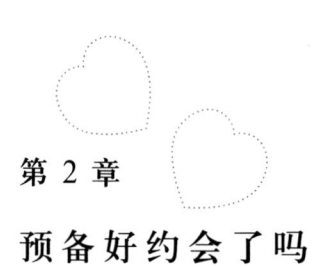

第 2 章

预备好约会了吗

在你接着读这本书之前，我要和你讲几句心里话。我多年为单身人士服务，致力于改善他们的约会生活，我的经验是，对我的建议，单身们通常会有三种反应，看看你属于其中哪一种。

1. 也许你会生气愤怒

莉蕾最初就是这个反应，她生我的气有两个原因。

首先，我质疑了她对一件人生大事的看法，她向我开启了防卫模式，我是可以理解的。因为这是生活中经常出现的心理反应，即当有人质疑我们的观点时，往往会激起我们的抵触与焦虑；我们的观点给自己带来安全感，所以要对挑战我们观点的人奋起反击。

其次，她气愤的原因是我在暗示她需要承担责任，至少承担部分责任。我指出她的约会困境不只是上天的错——没给她带个男人来，她自身"不作为"。

2. 也许你会灰心气馁

当有些人听到他人鼓励自己要对自己人生的某些领域承担起责任时，就会自怨自艾："我一无是处，我父母也总说我没出息，他们说得没错，现在的这个样子都是我自找的。"

如果你有这样的反应，那么请听我说。生活中我们会遭遇困难，一些无法掌控的事情会降临到我们头上，其中有些事会影响到约会。比如你的某些遭遇令你约会困难，你曾被虐待，或感到抑郁、孤独、害羞，或害怕与人打交道，请不要责怪自己，更不要妄自菲薄，要接受和直面你的难处，寻求帮助，解决问题，让自己成长，健康生活，这也是我所说的"所有权"的意思。

请相信，我会像个教练陪在你身边，轻声鼓励敦促你行动起来，举步向前。

3. 也许你决定在约会上采取主动，感到能量满满

我希望你能如此回应。其实，我们每个人的一生都如同一部戏剧，你不仅要出演你的人生，也要书写你的剧本。只要你做好准备，认真审视你的生活，改变你的生活，再加上帮助，我相信你做得到。如果你把我们所讨论的付诸实践，我期待并相信你的约会生活会得到改善。

如果你的反应是生气和愤怒，请找人聊一聊，看看为什么一本建议你可以有所行动、帮助你的书能烦扰你；如果你灰心气馁，请找人帮你解决你的自我否定，吊打自己于你无益，甚至会给你带来健康方面的风险。

但是，如果你准备好了想脱离停滞不前的困境，那请你不要只是端坐不动。容我来鼓励你一句，书中的策略让很多人成功地找到了约会对象。让我们迎难而上，改善约会状况，找到值得拥有的对象。

第 3 章

约 会 之 我 见

你也许会问：为什么要相信这本书呢？让我先花几分钟时间解释一下我的相关背景、我怎么看待约会以及这本书如何能改变你的生活。

十年前，我开始帮助困于约会困境的人。那时，每一年我都为某个机构做几个为期一周的培训，培训都在旅游度假区举办，培训日程中安排了互动和休闲时间，那个机构的领袖团队中有很多单身人士，让我有机会深入了解他们。

我注意到一个规律，大概在每次培训的第三个晚上，饭后大家联谊的时候，总有一群单身女生过来向我提问。

我们会找个地方坐下来聊一聊。令我惊讶的是，每一群女生都很相像：长得像，讲话的语气像，提出的问题也像——"为什么我们找不到约会对象？"这些女生个个迷人风趣，知性、外向，却都面临同样的疑惑。她们为什么被困住？她们在人生大事上的心愿为什么没能实现？当她们在 30 岁或 40 岁的生日会时，为什么感到更加烦忧？除此之外，朋友的约会、订婚、结婚之类的消息更加重了她们对自己生活状态的不满。她们没有因此抑郁悲伤，只是因为缺少约会而烦躁，对此心存疑问，想知道她们的问题所在，却找不到答案。

这种现象激起了我的兴趣，我决定和她们还有男士们一起研究这个问题，为了解决这个问题，我自愿成为一名约会教练。为了了解更多，于是我组建了一个约会小组。

积极约会

我的工作如同四处旅行，会去不同的地方讲课。工作中遇到很多单身男女，他们都有相同的牢骚、抱怨。刚开始，我倾向于接受单身男女对这个问题的总结：

· 好男人都没剩下，都名草有主了。

- 我住的地区找不到人可以约会。

- 世上就没那么多女人可以约会。

- 有魅力的没节操，守规矩的无趣味。

听起来好像他们的问题是外界环境造成的，这些说法我听了无数遍，有时他们的说法包含真实的成分，比如有些地区，男女比例确实比较大。起初，类似说法几乎"骗"了我，以为帮他们找到更多适合的单身人士就能解决问题。但当我深入了解后，发现不都是外部环境的因素，个人问题是不能忽略的。

作为一个约会教练，我想问单身男女几个问题："如果所在的城市、机构或生活中都没有合适的人可以约会，你准备做什么？你将如何应对？"诚然，这种情况不是你造成的，但是发生在你的生活中，你有责任对此作出回应。如果你确信是约会对象数量不足的问题，为什么你却对此毫无作为？

作为一个心理学家，我相信每个人内在的心理关系动力能反作用于我们外界的处境。有时，"我们是谁"的看法决定了我们的某些处境，这些单身人士什么样的内心动力造成他们被围于"困境"？这些人如何有意识或无意识地助长了自己的问题？这值得探讨。

我相信生命的动力，即人的主观能动性。宇宙有特定的运作方式，这些方式之间互相依赖，人类要分担责任、共同改善我们的生活。同理，讲到约会、婚姻，男人、女人都应当承担起责任来，这和他们在生活中其他领域的奔忙是一个道理。

很多单身人士和莉蕾一样，不去行动，只听命于命运的安排，这是错误的观点，是宿命论。约会对象、婚姻伴侣诚然有命运的安排，即缘分，但也需要我们积极主动去争取，并要战胜其中的各种艰难险阻。

倾听如上所讲的女生们的倾诉，我感到她们的抱怨的不仅是"数量"的问题，问题的背后暴露出她们深层的心理方面的问题。这样的判断来自我的从业经验。我帮助过很多单身人士，看到他们理顺某些内在动力关系之后，从停滞不前的困境中成功地解脱出来。

不知道你有没有遇到或听到过这种情况：两个同样有魅力、风趣的女人或男人，参加聚会，同时坐在那里，旁人看到他们会马上被其中一人吸引到，而另一人却无人理睬。为什么会出现这种现象？稍后我会进行分析。

经常有人问我："为什么喜欢我的总是我不感兴趣的人，我喜欢的人却对我没兴趣？"这个困惑与本书将要讲的人的内在问题相关。请相信本书会帮助你掌控和改变自己的内在问题。

约会和生活中其他事情一样，不能都归因到"市场行情糟糕"，亦即适合的异性人数不多。约会更多的在于自身是否做好了准备，是否适合婚恋。这本书的使命是帮助你变得身心健康，在婚恋领域做好准备，这样你不仅能找到对象，而且能找到值得拥有的对象。我相信如果你作出某些内在的改变，那么外在的约会生活也会随之改变。

- **约会如同生活的其他领域，受制于我们无法掌控的外界大环境。**某种程度上讲，你们可能有可约对象数量不足的问题，解决数量问题，找到那些好男好女是你们的待解之题。

- **约会也受到你所遭遇的事的影响。**有些事情的发生不是你的错，但你受到伤害而不敢冒险去约会。不要为这样的事吊打自己，事情不是你引起的。

- **约会是你要面对现实。**即使有些情况不是你造成的，但你有责任去应对。要采取一些行动来应对可约对象的数量不足的问题、你的信任问题、你的恐惧心态以及其他你会遇到的问题。哲学、心理学和生活的实际经验也支持这一观点，你要为你的约会承担责任，这和生活中的其他事没什么两样。

- **约会如同生活的其他领域，是你全人的表达。**你生活的这个领域不顺利很可能源自你生命中某些没解决的问题。当我们通过本书共同探索尝试，你在相关领域有所成长之后，你的约会生活就会受益并得到改善。

- **约会如同生活的其他领域，要遵循自然之道。** 我们有了种子和土地，就要播种、耕耘生活的田地才能有收成。换句话说，在约会这事上，我们要有行动，才能有结果。此外，和生活其他方面一样，在约会的过程中你也会受到引领和帮助，但你仍要尽你的本分。

- **约会如同生活的其他领域，带有某些风险。** 如果你现在被情伤得太深，无法面对约会的风险，本书中的建议对你来说可能不是时候；如果你有深度抑郁或患其他临床心理疾病的风险，你应该先去找位好的专业人士帮你治疗；如果你有酗酒的问题，那就不该现身酒吧；如果你有性瘾或过分冲动或在这方面有高危行为，那你不要照我以下的建议进行男女交往，要先治疗，让自己恢复健康。

- **约会如同生活的其他领域，可能令人极其灰心失望。** 在我们当下的文化和社会中，有很多外力与我们作对。我能理解你的艰难，不仅因为我是个约会教练，而且因为我自己单身多年，很晚才结婚，曾历经挣扎，痛苦过，明了约会能令人很开心，也能令人沮丧心碎。

当你接着读这本书时，不要认为我是个"饱汉不知饿汉饥的已婚人士"。我确实理解，单身有多艰难，但是我也知道这个状况可以得到改观。

约会阶段不仅是生命中一段美妙的时光，也能带来巨大的生命和人格的成长。通过约会，你对自己、他人、爱、生命以及生活的学习认识都会有长足进步。做得好，约会本身就令人觉得满足充实；做得好，约会能成为你生活中最有趣、最有收获的一个领域；做得好，约会能通向美好的婚姻。

我不知道你读此书的具体目的，我执笔此书是为了一步一步带你改变你的约会生活，告别消沉，迎接大好的旅程。

如果我们能共同实现这个目的，我确信同时会实现另一个目的：你会有个人成长，约会的成功和人格的成熟这两个目标会同时达成。这个历程中一半的乐趣来自生命和人格的成长，你的某些极限会被挑战，有时你要冒险，但整个经历的回报值得你所有的付出。

像莉蕾那天告诉我的，"和对的人在一起的乐趣真的超乎我的想象。"我希望你也能如此。

第 4 章

约会不等于谈婚论嫁

　　我在一次培训讲座时，建议单身人士应该通过大量约会，在实践中学习、成长。但遭到了一些学员的排斥。一位 42 岁的女士对我说："对一个我觉得不可能嫁的人，我不会浪费时间在他身上。如果他没有潜力和我恋爱到谈婚论嫁，我就不想和他约会。我只想和有可能嫁的人约会。难道约会的目的不就是找结婚对象？我今年 42 岁，结过一次婚，我还想再嫁，我没时间可浪费。"

　　我对她的生活一无所知，但从她的这一席话就可以看出她恨嫁，在急切地"寻猎"。她这样做肯定有隐藏的原因，这姑且不谈，我想她还有其他的问题。听上去她很清楚自己想要什么，但我怀疑她并不知道。

"那么请你讲一讲你最近这十年的状况吧！"我想了解一下她的约会方案进展如何。

"糟糕的婚姻和离婚。"

这回答没提及约会，于是我追问："你离婚多久了？"

"还没办完手续，我们两周前结束的。"

学员们发出一片惊讶声。

但我并不惊讶，因为类似的情况我见过无数次了。我说："你的第一次婚姻以'悲剧'收场，那么在此之后，你还没与任何一位男士约会过，对吗？"

"是的。"她答道。

"你曾选择过一个对象，结果很糟，很显然你的'选人器'失灵了。如今，你并没有增长约会经验，还要使用同一个'选人器'寻找对象，并且你认为自己准备好了。不，我认为你并没准备好去面对直奔婚嫁的约会。很显然，你并不知道自己需要什么，不知道什么是好的，什么是不好的，也不知道你的问题出在哪里。

"你现在最不需要的就是为了找到结婚对象而约会。和其他人相比，你有多种原因更需要与不同类型的男人交往。现在的你没准备好，不可能已经明白自己需要什么和什么对你好，你过去十年的经历证明了这点。你现在需要的是去寻求帮助、情感疗愈和心理医治，现在你还不适合找对象。”

这是我在做单身约会的工作中遇到的最大的问题，即约会的目的。首先，大家要改变思维，别认为约会的目的就是找对象结婚。虽然约会经常会带来婚姻的结果，但这里我要重申：

约会是要寻找"对的"人，同时也是要去了解自己的需要和愿望以及你需要如何成长和改变。

举例来说吧。泰格·伍兹从小立志要成为历史上拿最多高尔夫大赛奖杯的人，他想比杰克·尼克劳斯赢得更多次的美国公开赛、大师赛、PGA锦标赛、英国公开赛。如果伍兹早年说："除了美国公开赛，我不参加其他任何比赛。"很荒谬吧！或者一个医学院学生说："我只做我职业生涯中最终那份工作，此外任何比这低级的工作我都不做。"我想我是不会找这样的大夫看病的。

有些人正是这样对待约会的。下一章，我会邀请你来一起审视你的约会哲学。如果你仅仅视约会为寻找一生真爱，那我希望你的思想能有所调整，并希望你能用迥然不同的方式看待约会。

1. 视约会为了解他人的好机会

那位离婚没多久的女士，太缺乏识别和挑选好男人的能力，她需要约会几个男人才能发现这一不足。只有通过以学习为目的约会，她才能提高。

你也许对"外边"世界有什么样的异性一无所知。我做教练时，曾派一个小伙子和一位我知道对他没吸引力的姑娘约会。约会回来，他告诉我，和她谈论灵魂深处问题的四个小时美好无比，他从来没有和一个女人深度交流过。和一个优秀但不属于他的"菜"的女子互动让他学到新东西。试想，如果他仅仅视约会为以择偶为目的活动，那么他可能就不会与这位不属于他理想型的女孩约会，那么他就无从得知自己能够和女孩有那样的深度联结。

这次经历改变了他的寻找目标，令他躲避一些肤浅的女人。通过实习般的约会，他发现了自己需要的是什么。结果是肤浅的女人让他兴趣顿失，他变得更看重女人内在的生命素质。

另外一位女士告诉我，为了约会而约会让她意识到原来男人也可以倾听她诉说。以前她总是被那类以自我为中心的男人吸引。当她遵行这个为了学习而约会的策略，她发现除了她锁定的那种人之外，还有很多其他类型的男人，男人并不都像她以前遇到的那样自我。通过约会，她认识了不同类型的男人。

约会给人机会结识并了解多种多样的异性，它可以扩展你的眼光，明白什么样的异性算好，他们身上什么特质吸引你。不要再用及格和不及格的标准来评估女人或男人，单纯地去观察、留意及了解他们，你会发现很多宝贵的东西，是你不曾注意到的。

2. 视约会为了解自己和寻求改变的好机会

当你为了学习而约会，在你遇到不同类型的人时，你可以观察自己的情绪、反应和个性。我认识的一位女士总是被和蔼被动型的男人吸引，但她和这样的人约会又会感到烦心。她意识到，她选男人的眼光来自内心的伤痛，她的父亲"侵略性"十足，她害怕强势的男人，她需要疗愈。面对一个强势些的男人时，她会联想到父亲而引发恐惧等。在约会学习中，她尝试与个性强些的男人约会。后来她发现自己的内心发生了变化，她不再通过约会"窝囊"的男人来寻找安全感，而是努力让自己去喜欢硬气些的男人。

如果你敞开自己，享受约会的乐趣，就能在不同情境中得到你所需要的反馈，帮助你了解自己。对某些类型的人你如何应对？为什么？某些类型的人会对你构成威胁吗？为什么？面对某些特定类型的人，你会觉得大脑死机了吗？为什么？对某些特定类型的人你会感觉自己"活着"或"死了"吗？为什么？这些都值得搞明白。

3. 视约会本身为有价值的事

约会是和有趣的人一起做快乐、有意义的事，这本身就是一个了不起的目标。如果你的约会没趣味，也许是因为你在评估每个约会对象是不是能结婚的对象时，判定他或她不是结婚的对象，所以你就会认为这次约会没价值。

哪儿出问题了？难道你不享受那场电影？或是那次聊天？或是美食？放轻松，享受美好时光吧！不要只是因为没找到一生真爱，就毁了这些有意义的人生体验。泰格·伍兹不仅享受美国公开赛，也会享受某个周二下午和朋友们来上一场高尔夫球赛。

为了开心有趣的时光而约会，为了学习成长而约会，为了有所经历而约会。倘若你只是为了结婚而约会，你就不是在经历人生，会错失人生旅途中结识许多好人的机会。

4. 视约会为减压的途径

我帮助过的一位女士因为害怕被拒绝，在无意中破坏了自己的约会生活。她担心、忧虑男人不喜欢她，而无法享受约会。结果她总是束手束脚，男人无法看清她到底是怎样的人，因此男人从来看不到全然的她，就拒绝了她。

我建议她把约会看成一项认识人的活动，放轻松，做点愉快有趣的事。她听取了我的建议，不再只为了找潜在的配偶或建立严肃的恋爱关系而约会。于是一切都改变了，她学会了在男人面前做真实的自己，她的约会改善了，焦虑减轻了，她如同孩童学步，开始向前寻求她想要的。

5. 视约会为爱别人和服务他人的机会

正如你能在约会中学习、长进一样，你的约会对象也会有所收益。约会时，你把己所欲施于人，像一个好男人或好女人那样对待对方，你的善意会给对方留下美好的印象。与人交往会在身后留下痕迹，好似船只驶过后留下的涡流。你与人约会时的善行涡流会让对方因认识你而变得更好。

约会是有来有往的过程。如果你只看到"来"和你的收获，那不算约会。把约会视为一个机会，向人展现被人好好对待是什么样子，帮助他人看到生活中的美好，那你就关怀和服务了他们。你无从得知一个人的所有成长背景，但被善待可能永远改变了他们。己所欲施于人。帮助他们看到什么是"好"，展现给他们看原本应该的好的恋爱关系是什么样子。人生，包括约会，都应该是你更好地去善待他人。

6. 视约会为提高技能的机会

约会是练习如何与他人交往的好机会。比如你知道自己与人相处需要更直接地表达自己，那么不妨在约会时练习；如果你需要学习如何敞开心扉，讲讲你的情感和你的愿望，那么不妨在约会时练习；如果你需要学习如何与人正面交锋处理矛盾，那么不妨在约会时练习；或许你需要学习如何放下自我，倾听他人，或不那么以自我为中心，那么不妨在约会时练习。

假如在那个特别的人到来之前，你从未学过基本的人际关系技巧，那你会有麻烦。在婚恋这最重要的人际关系中，你将没有能力处理，会搞砸亲密的关系。如果你不学习成熟的人际关系技巧，你可能由于个人情感错位和需求而错误地陷入爱河。所以，使用低风险的约会机会，多实践，让自己更加成熟。

改变约会的目标和期望，不是找配偶，而是多学习和增加人生体验，这会让你受益良多。要是你一直坚持约会只是为了谈婚论嫁的"严肃"恋爱，那你可能还没预备好进入婚姻。从做这个承诺开始吧：

我要为了约会而约会，不再只为了找到配偶，而是要在约会中学习、成长、经历人生和善待他人。这是我一个新的

学习、成长和经历人生的实验室。

这是我们的第一步，不是为了找配偶才约会，而是为了学习、成长和愉快的经历。

第二部分

实操练习

第 5 章

记 日 志

我们要扬帆起航了，但是不要担心，我不会马上派你去执行什么可怕的任务。我要你真正了解你约会中存在的问题，正视它，然后掌控并处理它。

有两个基本的约会问题——没人可约或约错了人。这本书将针对这两大问题寻根溯源，对症下药。

第一步：记下每周你所遇到的潜在约会对象

连续两周或一个月作每周记录,然后和队友一起点评（参见第十一章"组建团队"）。这个记录很容易做,只要两条信息。第一条,你本周遇到的潜在约会对象的数目, 他们需要符合这三个标准：

(1) 新认识的人（不一定是你没见过的人,也许你见过他们, 甚至还曾有人介绍给你, 但你们之间没有什么互动）。

(2) 他们和你有足够互动,对你有所了解,想要约你出去。

(3) 若是有意,你们有彼此的信息可以进一步联系。

仔细想想,约会这可以用公式表述：

新人 + 兴趣 + 能够跟进 = 约会

把公式中任何一个要素拿走,都不能有新约会。若遇到一个人,但没有电话号码或其他联系方式再找到她,那可就永远找不到她了。若你看到一个人,观察他,对他产生兴趣,但是他不和你讲话或不感兴趣,那也没戏。这三个要素缺一不可。

第二步：记录数字背后的原因

每周一记录最后环节，问自己为什么是那个数字，不论好坏，背后原因是什么，这是该任务的第二条需要记录下来的信息。我们来看几个例子：

你还记得吗？我给莉蕾这个任务时，她当场回答她的数目是零，事实上她的猜测相当准确（虽然在我给她任务之后，她刚好参加了一个大会，造成那周数字虚高）。看了她每周所记录的数字和原因，我们可以完全理解她为什么没有约会。她周一到周五每天上班，见的是固定的一小群同事；下班回家，和室友一起吃晚饭、看电视，然后上床睡觉；周六她也许会出门，要么一个人，要么和认识很久的老朋友一起；周日她去教堂，遇到的都是长年不变的那批人。

很显然，莉蕾有可约对象数目不足的问题。基本上，她嫁人要全靠联邦快递，如果没人给她寄快件，还得要由上天给她选的男人来给她投递，否则她就嫁不出去了。不播种就无收获，多么简单直白的道理。她为什么采取这样被动的方式，原因我们会再谈，现在我希望你能意识到她所意识到的状况。不论什么样的数字，都有其原因。通过记录，莉蕾意识到她已经隐退到一种一成不变的程式化的日子中，没有遇到新约会对象的可能性，这是她的现实情况。她必须作出改变。

我们再看一下另外的情形，是她后来所碰到的。假设你不像莉蕾那么宅，你有机会遇到外边的新人，但是你回到家里，没有名字可添到周记上。为什么呢？我希望你能回答这个问题。

也许你参加公司的开业庆典之夜时，遇到好多你没见过的人。有三位你觉得有兴趣或吸引你，但是你没能和他们结识；或是你和他们打过招呼，但没满足第二个要求，没能和他们产生足够的互动，让他们对你产生兴趣。于是，你空手回家，没有名字可以加到记录上。为什么你不去和他们讲话？为什么不作自我介绍让他们认识你？为什么没去排队取自助餐并且问一句"你吃那鱼了吗？""味道如何？"等。或者，为什么没请你认识的、在和那三位讲话的人帮忙在中间介绍一下？

当你找到数字背后的原因，你就会清楚下一步该怎么做，去改善数字。当你开始记录后，就能找到大概哪些原因导致你的约会问题？我曾辅导过几个人，他们按照记周记的三个要求逐个审视自己的行为并找出原因，下面我举几个让他们感到挫败的行为模式，供你参考。

没新人可约

没满足第一条的第（1）个标准（他们是新人）的原因：

- 你不接受邀请参加活动，因为你觉得没必要。
- 你对将要认识的人有先入为主的判断，认为他们不合格。
- 既没有人邀请你参加活动，自己也不搞活动或用其他方式创造机会结识新人。
- 你有被邀请，但所去场所不在你"有限的可接受选择的条条框框"里，比如，你的同事邀请你下班后去人们通常聚集聊天的正派场所，你却拒绝人家。
- 有人主动帮你介绍对象，你对介绍人看人的眼光没信心。
- 你没亲身尝试过，但对婚介服务或其他有效的方法有偏见。

没有互动

没满足第一条的第（2）个标准（让他们和你有足够的互动而想要约你）的原因：

- "那太直接了，我永远都做不到。"
- "我太害羞了，主动找人讲话太恐怖。"
- "他们会以为我在撩他们。"
- "我太胖了。"

- "我不帅。"
- "我可不能那么做，我对他们一无所知，如果他们和我的价值观不一样怎么办？"
- "如果他们不喜欢我怎么办？也许我会遭到拒绝。"

没有联系方式

没满足第一条的第（3）个标准（你们互留信息能跟进）的原因：

- 你和某个人相谈甚欢，然后意识到你得离开，说了再见就走了，你没讲："和你聊天很愉快，留个邮箱地址，哪天一起喝个咖啡吧！"
- 你和某个人有互动，你知道有个共同的朋友有你俩的联系方式，但是你害怕去问他。
- 你和某个人有互动，也许没有办法再联系上，你不去想办法解决（参见第21章"拿出男子汉气概"中的第一个例子）。

不管什么原因致使你没有结识新人，都记录下来，毋庸置疑，数字背后一定有原因。不必找借口开脱。我希望你在这个阶段看到，现实就是现实，你眼下的生活确实如此。你要是想让你的生活有任何改变，首先就必须承担责任，认真面对你的生活。

每周记录可约的人数和省察背后的原因，是为了找出问题。有一种可能，你也许发现自己结识了很多新人，但没行动起来去联系他们。还有可能，你好似在沙漠中，看不到一滴水，没机会结识新人。或者你有很多可能的机会，但恐惧或偏见阻碍了你。不论原因是什么，失败背后一定有原因，你需要找到原因，如此才能对症下药。

第三步：为你数字背后的原因承担责任以及"放电影"

我在《九件你必须做的事》一书中讲到一个原则，叫"放电影"，意思是，我们在任何景况下所做的事都是一部超长电影的一个场景。举个例子，假设莉蕾的时间表保持不变，她不结交新人，她也不行动求变，一周一周地重复过下去，如果她不把当下每周的日子看成一部巨片的一部分，那她很容易持续这样的状态，不经意间两年时间就过去了，她依然空窗，零约会。

如果你没意识到你生活的电影每天都在拍摄推进，那你就可能任由岁月蹉跎、人生毫无进展，因为你只盯着鼻尖下的那天或那一个星期。可能某个周六的夜晚，你自言自语说：

"噢，我今晚没什么计划，我做点什么好呢?"然后你找点事打发那个晚上，完全看不到你正在书写的人生故事的大画面。

但是，如果你把你人生的电影的终局播放出来，你会意识到，如果在人生这个领域不作出改变，那么**下周六你不会有约会，下下周六你也不会有约会，下下下周六你还不会有约会**。圣诞晚会你也没有约会，你将独自在家看 DVD 跨年，情人节你会和朋友一起过。"放电影"的原则是这样：假如你眼下的生活持续不变，你把它投射到未来，看看你是否喜欢五年后你的生活。

莉蕾这么做之后，她很沮丧。

这是我们要学到的最重要的教导之一：审视目前自己的行为和其发展方向，看看最终的结果，你是否喜欢。当你不喜欢你看到的未来时，那么转机来了，你会对目前的状况感到失望，会改变思想，会看到问题的严重性，这个领悟直击你的心灵。

我希望你能看到你约会生活的真实画面，你的处理方式以及其正在产生的后果，然后想想如果你不作出改变，未来会是什么样子。记住那句古话："如果做法不变，疯子才会期待结果不同。"审视并理解你现在的行为，如果你不作出改变，那结果也一样。

若你完成了本章的任务，相信你会更有动力作出改变，至于要作哪些改变，后文我会细讲。

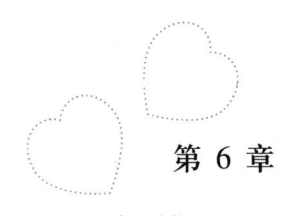

第 6 章

没人可约？你错了！

　　我因为出差跑遍了全美国，经常听到一些善良、有趣、有精神魅力、条件好的男人和女人问我："为什么我们还没有对象？""好男人、好女人在哪里？""外面就是找不到好的约会对象。"细品一下，这事有些蹊跷。

　　我和女士们谈话，她们会抱怨"外面"没有善良、有精神魅力的男人，据她们所言，这个世界是座修道院，一个男人都没有；或者这个世界像一所男子监狱，有很多男人，但你一个都不想带回家，理由是：谁知道他们能干出什么事！

我和男士们谈话，会听到完全一样的说法：外面找不到有精神魅力的女人。很多男人会被符合他们心中浪漫理想形象的女人吸引，但是和她们相处久了，又觉得她们没内涵；另一方面，他们和优秀、有深度的女人保持柏拉图式的友谊，不受她们吸引。

于是，一个疑问跃然心中："为什么这两群人没遇见彼此？他们说的话完全一样啊！"这让我很有负担，不停地想如何能帮助他们。

在南加州的一个研讨会上，我教大家约会要选择人品好、有深度和有精神魅力的人。问答环节时，有位女士举手提问道："你讲到要通过大量约会来了解自己需要什么样的人，还讲到找有精神魅力的人的重要性，但是这在南加州是不可能的，这边的人独立又自我，而且流动性很大，像无根浮萍一般，他们都'很新'，也许在美国中西部更容易找到您说的那种人。"

很巧的是，在这之前的一天，我就在美国中西部上课，一位女学员说："在这边找个好男人太难了，这里的男人大多数对有深度和有精神魅力的事不感兴趣，他们久居此地已经都安顿下来，没得约，在加州那样的地方会更容易些，新人多。"

所以现状是，那位美国西岸的女士说好男人都在中西部，那位中西部的女士说好男人都在西岸。这种状况让我找到了他们的症结：

那些总是怪罪外在环境的人是不会得到他们想要的成功约会的。成功的人之所以成功，是因为他们在自己身上下功夫，承担责任，采取行动应对他们所处的外界环境。所以，约会生活的问题可能与你的内心世界相关。

为什么有人会走出去，培养才能，相信自己，在自己的才能上投资，虽跌倒但又爬起来，最终取得成功，创出一番事业？而另外有的人空守自己的才能或梦想，从不付诸行动，结果一事无成？这二者的区别何在？

区别不在外表，而在内心。前者信念坚定，内心充满动力；后者的内心软弱、迟疑。显然，二者人生中外在的"果实"则迥然不同，如同好树结好果子，坏树结坏果子。

阿莱莎是我的一位女性朋友，已婚。她是个开朗、友好、情感上不封闭的人，有很多男性朋友，她的男同事和社交圈里的男人总是被她吸引，他们也能感到她是个温暖、安全的人。

一次，阿莱莎与我聊天，她说最近到纽约的一位单身朋友那里小住了几天。阿莱莎和这位朋友看了几次艺术展，并参加了展览方安排的社交时光。大家一边吃喝，一边和艺术家以及其他观众交流。有很多男人过来找阿莱莎聊天。她的单身朋友酸酸地冒出一句:"哟,真是棒啊,你都嫁人了,他们还都想约你出去,这种好事却从来轮不到我。"

阿莱莎问她:"那你有朝他们微笑或走过去和他们搭话吗?"

她的朋友回答:"我觉得调情不得体。"

阿莱莎告诉她,那样做的含义并不是调情,"你一定要散发出友好、温暖的气息,表明你开放的心态。说实话,你现在给人的感觉像是躲在堡垒后面,告诫他人切莫靠近!"

后来这位单身朋友承认她内心确实在躲藏,所以,一直没有成功的约会。

克里斯蒂娜也是位已婚女士,她从小到大一直对男人充满了戒备,她妈妈不停告诫她:"永远不要向陌生男人微笑,他们会来勾引你!"长大成人以后,克里斯蒂娜一见到男人,就扭头逃避与对方的目光接触。如果她丈夫没有践行"拿出男子汉气概"那章里的建议,他俩大概永远不会结婚。

有一次,克里斯蒂娜和她丈夫外出旅行,那天她在酒店大厅等他,不知何故,她想起她妈妈的告诫,决定要打破"戒律",她决定:"哪怕在陌生人面前,我也要做正常、友善的我。"在那一瞬间有个男士走过来,她看着他的眼睛,道了句"嗨",就像通常面对面走过时大家友好地与她打招呼一样。那位男士看上去友善正派,他看着她,微笑着坐到她身旁，开始和她讲话。她记得当时的感觉："看，多好，我就是正常人类的 员。"她很骄傲自己长人了，突破了妈妈的戒律！她一边回味着刚才的美好瞬间，一边接着看酒店里人来人往。她终于自由了！

以上两个故事说明一个人的内心世界一定会影响到他的外部世界，尤其是在约会领域。正如克里斯蒂娜作出的改变，她收获了对方友好的回应。

在接下来的章节中，我们将做两件事情。第一，如果你有"数目"问题，没有合适的人可约，那么采取一些积极的步骤，你会提高数字。第二，认真审视你的内在态度、信念、情绪以及盲点，等解决"数目"问题之后，这些会极大影响你的成功率。为达到此目的，希望你能转换思维，相信内心世界会影响外部世界。就是说，现在立刻做两件事情。

(1) 放下你的观念。如果你认为问题出在"外边"，没有好的人选可约，不管你的"外边"指的是哪里，你都要放下这个观念。否则你的处境只能持续老样子。

(2) 和我一起省察内心，并在你能掌控的范围内采取行动，这将为你的外界环境打开新的局面。

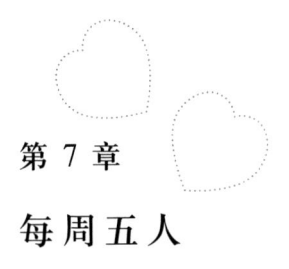

第 7 章

每 周 五 人

"好啦，莉蕾，"我说道，"你做了记录，有了基准线，知道了自己约会生活的现状，现在我们开始你的第二项任务。"

"什么任务？"她兴奋地问道，她明白记录人数的步骤已经搞定，我们要动真格的了——实施行动，改变她的约会生活。

"每个星期五，发 5 个名字给我，他们是你这一周新遇到的具备我们讲的 3 个条件的 5 个男人。"三个条件是：

（1）新遇到的人。

（2）他们和你有足够的互动，对你有所了解，想要约你出去。

（3）若是有意，你们有彼此的信息可以进一步联系。

"不要少于 5 个，记住，我要求完全的服从。"我说道。

"什么？你疯了？"她的反应激烈，"我每周去哪儿找 5 个新认识男人？我告诉过你，两年了我一个男人都没找到，现在你要我每周找 5 个？去哪儿找啊？"我听得出她声音中的恼火，里面还夹杂着轻视。

"那不关我的事儿，"我答道，"只要你确保给我 5 个名字。"

"可是，去哪儿找？你这个大疯子！我去哪儿能一周碰到 5 个新男人？不可能！"

我"回击"道："你是在问我去哪儿找吗？也许邦诺书店，你没少去那里逛；也许星巴克，男人常光顾；也许杂货店或餐厅或超市……在什么地方结识男人们我不管，我只要你找到 5 个符合三个条件的男人。"

"天呐，你到底在讲什么？他们完全是陌生人！你凭什么认为我会跟这些人约会，你怎么知道他们不错，或者他们和我有相同的价值观？我怎么能知道我遇到的都是什么人，我又怎么能知道我会愿意和他们约会？"

我问她："谁说要和他们约会？"

"你呀，"她回答，"你说的他们必须有足够的信息可能会联系上我，有足够的互动使他们想要约我。"

"我是这样说的，但是我没有说你必须和他们约会。我根本不在乎你会不会再和他们见面，更不用提约会。"

"好吧，可是我为什么要去做这些？"

我强调："记住，我是教练，不论我说什么你都要照做，我们是这么约定的。"

我拒绝在开始阶段就告诉她理由，因为我知道我的理由她会想不通。有时她追问答案，我就会告诉她："徒弟，天机不可泄露！"我希望她只管埋头去做，尽管起先她不知所以然，但必须服从。

现在，她笑着感慨这些重要的任务改变了她的生活，最终帮助她走进了婚姻。事后她承认，没有这个步骤，可能至今她依旧单身一人。所以，容我来解释下她完成这些任务之后所发生的事情，或许我也能把你争取过来。

首先她抗议说这是不可能完成的任务，这是基于她对任务目的的错误理解。她以为要找 5 个她感兴趣的男人，即是她理想的类型、价值观一致的人，等等。其实**这项任务的目的不在于找到合适的对象，而是找到她自己。**

找不到对象的原因之一是她与自己的某部分失联了，这是影响男人与女人相联结的那部分。因为她将自己与她所不知道或不理解的事情相隔绝，她的灵魂无法产生化学物质与人互动、"来电"，所以只有当她与自己完全连接，其他人才能与完整的她接通，那时能产生很多有益的化学反应。

此外，她缺乏与男人互动的某些社交技能，她一直没有发现自己的这个不足。所以我需要她动起来，也意识到这个不足。她需要遇到新的男人，需要练习与男人接触互动，这样她才能觉察到自己畏惧约会的原因。

首先，她要立刻着手解决被动的问题：参加聚会遇到陌生男人时，为了完成"每周五人"的任务，她会考虑上前搭话。这样做了之后，接下来的自我发现令她惊讶。

"我正要上前和这个男人讲话，忽然心里感到非常紧张。"她打电话和我讲，"很怪异，几乎到了恐慌的地步。"

"怎么回事呢？"我问道，同时暗自欢呼"挖到金子啦！"本来我想调侃她："噢，我原以为你面对男人没有任何问题，是上天没把对的男人给你带过来呢！"但身为一名好教练，我更想做的是希望她发现自己的问题，即因为自己的害怕，一直在逃避而不去结识男人，也不与他们互动。

"我不知道，"她说，"我被完全吓住了，没有理由，我对这个人不感兴趣，我根本不认识他。"

我鼓励她："没关系，继续，克服阻力，去和他讲话，然后关注你的内心活动。我想知道，当你害怕时，你在想什么。"

她描述道："那天我和一个男人讲话，他看上去友善，还有点帅，挺吸引我的，但是我害怕起来。那一瞬间我在想：他会觉得我太胖；我看上去很愚蠢；他永远不会对我感兴趣，等等。许多想法在我脑中闪现，我担心得要死。他怎么会看上我，我几乎不正常了。"

听了她的讲述我知道她找到了她内心的那部分，找到了能吸引他、与他互动、赢得他并能以身相许做他妻子的那颗心。她想努力找到与男人联结的那部分的她。但她害怕被拒绝、害怕脑海中的其他噪声，她太压抑自己，封闭自我，也关闭了神奇的男人与女人之间的互动，所以她需要采取行动以求成长。我们会在后面的章节讲述这些必需的步骤。

找到了恐惧背后的原因，她开始练习与人联结的新方法，坚持不懈地努力结识男人，最终抵达她的"目的地"。在实践中，结识男人好像变成她的游戏，有趣、令她开心。有时，周四她就会打电话给我："我名单上只有两个人，给点建议啦！"

"好，你人在哪儿？"我会问她，然后打发她去星巴克，或是去她办公楼里别的办公室。好几次，我们笑着说，我好像给她出点子在做寻宝游戏似的，她还饶有兴趣地向我讲述她所体验到的与人交流的乐趣。

另外一个 30 岁出头的女人经历了同样的事情。她给我打电话时笑得无法自控，笑她自己和朋友所遇到的男人们，她俩都在认真完成这项任务。她们仿佛发现了·项新游戏。

如果你像莉蕾一样，浑然不知是自己内心的某些东西令你停滞不前，就算为了那些数字也去完成这项任务吧。如果你不赞同我的"自内而外"的想法，那就努力改变"外边"，你把数字做高，去结识新人。我们下文会讲如何实现这个目标，但不管用什么方法，你需要提高数字，为了成长、为了找到对象。

我相信，好的婚介服务及其他手段能够帮人找到约会对象。但是，请按我的要求做这项任务：开口和人讲话，在工作单位，在安全的公共场所，在派对、公交车、飞机上，不论在哪儿都行；找回高中或者大学时代的那个你，那时你在安全有序的环境里自然地与人交流互动；你要创造条件，让自己能自然地与人交往。

随着你的成长，你会了解到自己的人际交往技能是否有提高，内心的恐惧是否得到消除，等等。记住，这本书不仅要改善你的约会状况，而且要全方位医治、改善你的人际交往，作为结果，你的约会生活将得到改善。

我现在辅导的一位女士在完成训练时就尝到了甜头。我给她布置每周结识 5 个男人的任务，她就开始行动：在星巴克排队时和旁边的男人讲话，在餐馆里与遇到的男人搭腔，参加婚礼时和另一个男人聊天。

她告诉我，这之后她看到了变化："现在他们主动来和我讲话！"她说，"我什么都没做，好多男人主动接近我和我交流。也就是今天，在餐馆里，一个可爱的男生走到我面前开始和我讲话，我们聊了挺长时间，发现我们有很多共同的朋友。他会给我打电话的。很怪异，我什么都没做，但男人似乎对我更有反应。"

她不知道其实她的确做了些事情，完成任务中所要求的事情令她得以成长，她变得开放，不再拒人千里，开始吸引男人。她变得活跃，她的播种带来自然的收成。这就解释了为什么派对上两个女人一起聊天，有男人走过来邀约其中一个女人而对另一个没想法；或者两个男人和同一个女人讲话，她在心里默默思量其中之一但毫不关注另一个男人。通过训练，你发现自己能与对方有化学反应，又能"来电"了。

当然，不是所有的"来电"都好，它也并非终极测验，永远不要基于"来电"与否决定终身大事。有种"来电"是破坏性的。我们这里讲的是作为一个人拥有的无形的必要的"来电"，这样的"来电"是一个开放的人、一个能对他人产生兴趣的人、一个渴望恋爱的人、一个不恐惧的人都会有的正常感觉。完成以下行动步骤，会让人重新"来电"或者第一次经历"来电"。

行动步骤

（1）找到一个人，你可以每周末向他/她报告，用电话、邮件或是一起喝咖啡的时间报告一下那 5 个符合三条标准的男人或女人。

（2）付诸行动。记住要和异性谈话，不论在哪里，说什么话题，只要时间够长，能让他们有机会对你产生兴趣就好。也许只和异性交流几分钟，婚姻往往就是这样开始的。对和你谈话的人，你不需要知道自己会不会产生兴趣，不需要有任何了解，不需要有意愿进一步交往，或者会不会以任何方式跟进。你只需要给他们一个机会，让他们对真实的你产生兴趣。

（3）要特别关注你的反应：恐惧、论断、贬低他人（认为他或她太自由开放、太保守老套、太胖、太瘦、太高、太矮）、自我怀疑、情绪变化、被吸引、冲动等诸如此类的反应。这些观察我们以后会用得到。

期待结果

（1）让自己行动起来，才能有成长。

（2）变得对自己有意识，并能意识到在尝试与异性联结时的你是什么样子。

（3）提高可约对象的数字，额外收获约会机会。

（4）更了解哪些类型是你的"菜"，哪些不是，也许你的清单会有所改变。

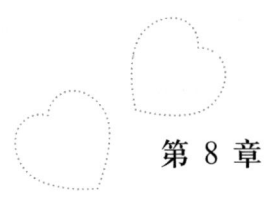

第 8 章

改变常规行动路线

　　为了改变约会机会少的境况，我有个好办法能帮助你：记日志并观察自己。我建议你记录所结识的人数，记录下你的生活作息，你的时间花在哪里？你都去哪儿？去新的地方了吗？那些有机会遇到新人的地方你去了吗？多长时间去一次呢？这样的记录可以帮你观察到你的活跃程度。你也许意识到你其实已经很活跃了，那么你可能存在着不同的问题，比如你需要更敞开心扉，你需要克服恐惧，等等。发现了自己的问题就要走出困局，勇于改变。不要放弃你生活中正常运行、于你有益的东西，但是你必须意识到，你目前使用时间的方式不能服务于你的约会生活。持续以同样的方式过日子，若无意外，那没什么新事会发生。为了能约会，去做些不同的事吧。

怎么办

如果你的约会状况不佳，你该怎么办？

我已经建议过你，可以考虑找一家好的婚介服务机构，帮你和有相同价值观及兴趣爱好的人配对（下一章《克服偏见：使用婚介服务》有详细讨论）。除此之外，你还应该做什么？我听过好多人讲他们在哪儿遇到的约会对象，根据这些我可以告诉你，有无穷无尽的方式和场合可以遇到潜在约会对象。真的是无处不可。

但第一个关键点是：**他们去那里不止一次。**第二个关键点是：**如果他们去的第一个地方没有用，他们接着找其他地方。**

以下是我常听到的人们相遇的地方。

1. 参加单身小组

想遇到有精神魅力的人，单身聚会是个好去处。聚会中不要被动地待在一旁，要主动作自我介绍，大方勇敢地与陌生的异性互动聊天。

2．请朋友帮忙牵线

告诉自己的朋友留意给自己介绍异性朋友，然后朋友可能会再转告他的朋友帮忙，这样，信息就会散播出去，朋友们就会帮助牵线搭桥。朋友可以用两种方式来帮助你：一种方式是在安全的场合，把你介绍给某个人，你可以考虑要不要再进一步了解对方；另一种是相亲。

无论哪种方式都可以。建议你给自己定个规则，不论是谁都要见个面（本规则的讨论参见第十六章《人人都约见一两次》），你能和另一个人交流互动，何乐而不为？如果你不喜欢相亲的方式，那么建议你不要给介绍人留下你很挑剔的印象，否则你的约会可能会停滞不前。

请朋友牵线搭桥有两个关键：一是你一定要提醒朋友在他们的圈子里为你留意；二是一定要扩大你称为"朋友"的圈子，不仅限于你最要好的朋友。我确信你认识的人里面有那种虽然关系不亲密但很好的人，你可以对他们说："我没什么机会结识新朋友，请在你接触的人中帮我留意啊。"很多人是经朋友牵线而找到对象的，他也许会这样说："苏茜，我有个同事，是个很不错的小伙子，我觉得你俩挺合适，我让他给你打个电话?"

我最近撮合了一对,女方是我在一个工作项目中遇到的。我们一起开过几次会,通过几次电话,她提到和前男友分手之后搬到本市,于是我问她:"有新男友吗?"她说没有,我就告诉她,我有个朋友,想给他牵个线。后来他们见了面,相处很愉快。我之所以这么做,是因为几周前那个朋友刚对我说:"如果你遇到什么人,要记得我啊!"不用觉得难为情,请人帮你推荐!

3. 出席各种机构举办的活动

你或许对活动的主题不感兴趣,但你可能对与会者感兴趣。慈善机构的聚会、募捐大会、图书馆的系列讲座、社区活动、美术展览、慈善义跑等都是结识新人的好机会。单身人士不要仅仅参与感兴趣的活动,还要去有可能遇到有趣的人的地方,因为除了在那些地方能认识新人之外,也许还会惊喜地发现你也很享受那些活动。

4. 参加各种派对

我一再听人说,"我们是在一个派对上相识的。"与工作相关的聚会、生日派对、"超级碗"派对、奥斯卡派对、无由头的派对等,只要有人聚集,有你不认识的人受邀,你就去。

5. 加入与你兴趣爱好相关的组织和活动

如果你喜欢骑自行车，那就加入骑行小组；喜欢读书，就加入读书会；喜欢滑雪，就加入丰办滑雪旅行的俱乐部；喜欢垒球，就参加联赛；喜欢潜水，就加入水肺潜水小组；喜欢古典音乐，就进入交响乐团资助者的圈子；喜欢歌剧，就参加歌剧之友。这世上有成千上万种活动让你享受，但关键是，不要再一个人或只和你熟识的人一起享受，去和更多人一起做你所爱的事吧。

6. 看报、上网寻找

大多数报纸都会刊登当地活动的广告，特别是在周末的时候。做个决定，看看每个月去多少次，找个朋友一起参加这些活动。还有，像去健身房一样，请你的团队监督你执行。

7. 开派对

你不用等着别人开派对，找些人，你自己开。办个烧烤派对，让朋友们邀请他们不常见面的人来参加，扩大你的朋友圈。我有个朋友每年圣诞节开派对，发邀请给他的男性朋友，要求他们每人带三个单身女士（女朋友之外）。很多很多人在那里结识其他单身人士，都是以前没机会遇到的。派对之后，许多人开始约会，我一个熟人就是在那里遇到他妻子的。

8. 开创新活动

我认识的一帮女生每个月搞一次"蜂拥"活动（SWARM，首字母缩写语，即 Single Women Actively Recruiting Men，戏称"单身女子积极征募男子"）。她们每月都有活动，比如跳舞、吃美食、划船之类。在这些活动中，大家结识新的朋友，而且都玩得很开心。我为她们的创意和主动性点赞！男生们说，他们喜欢这些女生的开诚布公，搞活动就是为了结识更多人。

9. 参加文艺活动

你喜欢绘画、音乐吗？喜欢参观博物馆吗？那么你有没有参加这些兴趣的外延活动？如捐助人聚会或"与艺术家见面"的聚会。若你钟爱艺术，通常能找到很多相关活动，从网络和报纸上找找这样的活动。若你醉心于文学，可以去书店参加你最喜爱作家的签名售书会。

10. 到单身度假休闲的热门地去

你应该知道你所在地区有些地方是单身常去的，何不找几个朋友一起去单身扎堆儿的地方？在海滩或可以滑雪的地方。再说，你本来就需要度假，不一定花很多钱，可以找朋友合住，买廉价机票节省开销。行动起来。还有，不要只去度一次长假期，多几次周末的短假期。我听一位女生说她参加了一个品葡萄酒的旅行团队，结识了新男友。还有个人周末去漂流，邂逅了合适的人。

不要宅在家里，出门到单身常来常往的地方，做你喜欢的事，查询一下当地一些协会搞的团体出游活动，比如潜水店组织的潜水旅行、滑雪店的滑雪团。你可以参与你喜欢的活动，但不要按常规的方式去做，变动一下。

11. 去单身常去的地方健身

有些健身房的确充满了孤芳自赏的自我崇拜者，但也有些健身房是正常人去的。也许现在你该砸点银子去上班族通常健身的地方，不要再绕着你家小区跑步了，附近的健康娱乐中心也许开设经济实惠的课程，比如普拉提、有氧运动或跆拳道。

12. 报班上课

报班上课是个很好的方式，可以结识你朋友圈之外的上进又有趣的人。我认识的一个女生因为好奇，参加了东方式健身课，几个月过去了，她还经常和同班同学见面，结果这帮朋友帮她牵线找对象。很多这样的课都为期短、价格不贵，包括与商务相关的、提高技能的、艺术和自我提升等课程。

13. 加入同事们的活动

经常有人说"我可不想去酒吧结识新朋友",这句话通常隐含的意思是,"我不想去那儿被人把我搞上床"。你当然不想,我也不会希望你那样做,但是另一方面,好多人纯属因噎废食。有很多正经的地方可供同事们下班后或周末常去以及和朋友小聚,他们都是好人,正常、负责任、三观端正、不孤僻。你和朋友一起参加成人版的"大融合破冰游戏",这没毛病吧?

如果你在有些方面不能很好地控制自己,或者容易受毒品、性上瘾等问题影响做出冲动的事,那请你不要去酒吧;但是如果你够成熟,也有自制力,你何不和朋友一起去结识他的朋友?正派人去的高端一些的地方也好,特别适合结识其他专业人士和上班族。我们也可以活在这世界中却不属于这个世界。除非有合理原因,否则不要惧怕社交聚会。

"那些永远不会奏效"

朋友,我知道你正在想什么,因为学员们这么对我讲:

· "那些方法没有用,我参加了慈善聚会,一个人都没结识。"

- "天下所有的好团队聚会我都去过了。"
- "我参加过垒球联赛，那些人是一群没出息的运动狂。"
- "下班后出去的，没一个像样的。"
- "只有书呆子才参加签名售书会。"
- "只会有十个人在那儿。"

所有这些借口我都听到过。但是我要讲一点：也许你尝试过其中一些办法，但你可能没像我建议的那么积极主动，你那时也没学过接下来我们要学的教程。这是一个全新的世界，也许你其实不曾真正走出家门去到"外边"。所以不要让你的借口再阻止你行动，我列出的这些地方，人们确实在那里遇到了约会对象。请接着尝试！

有一次，我和一位朋友讲起这本书，她说："哦，我的天呀，我有个单身朋友正需要读这本书，我清楚她为什么还单着。她偶尔参加一两次活动，然后就说：'看吧，根本就没用，在那些场合我从来就没遇到过什么人。'我单身的时候，所有的活动都不放过，马不停蹄地参加各种活动。如果你不打算孤独终老的话，这是唯一结识到人的办法。还有，她太挑剔，凡不符合她预先设定标准的人，她都不肯和人家见个面。"

她之后所讲的更能说明问题："你知道吗，这事儿挺有趣。"她好像自言自语，接着说道："只有单身的朋友才那样想，我所有已婚的朋友在约会阶段没有一个像她那样做的，我们都是有活动就去，结识很多各种各样的人，而且都不那么挑剔。现在我们好怀念那些日子啊。我的单身朋友应该像我已婚的朋友从前那样，不那么挑剔，各种活动都参加。这一点单身人士可以借鉴一下过来人的经验。"

虽然她没给人做过脱单辅导，但是我完全赞同她所观察到的情形。她注意到那些找到真爱的人的不同之处，他们不因为戒备心和各种借口把自己囚禁在个人小天地里面。假如你不信，那问问你认识的已婚人士或是正在约会的人，他们在哪里遇到对象。通常是在某些不起眼的寻常地方，他们以某种方式在活动上相遇，前提是他们两人都出现在那里了。

所以，拿出创意，行动起来，换条跑道！

第 9 章

克 服 偏 见 ： 使 用 婚 介 服 务

当我提出通过网上交友的建议时，莉蕾断然拒绝："你开玩笑吧？我绝不会使用网络交友服务，太恨嫁了吧，实在没活路的人才那么做。"

我反问道："按你的方法进行得如何？"

"糟透了，但一定有别的出路，我可不想搞网恋，招来个病态男。"

我更正道："网上交友不是你想的那样。"

莉蕾仍然不能接受："网恋不自然，毫不浪漫。我不想要我的爱情故事开头是'我们在网上认识的',多粗俗!"

接着我给她分享了我的观点,听了之后,她的看法改变了,我希望也同样能改变你的看法。

一个现实的问题

莉蕾记录了她遇到多少个新的男人,数字结果令人沮丧,你还记得她最初的答案吧?——零。

我们已经看到她的大部分问题来自内心,她需要改善那些导致她停滞不前的内部心理状况。但我们也讲过,她确实有"数字"的问题。不遇到新人何谈约会?反过来看,如果不结识新人,怎能实践且解决问题?因此我给她的第一个建议是改变她的常规行动路线,"行驶"到有男人的地方(参见第八章"改变常规行动路线")。她必须提高"数字"。

我的第二个建议是使用网上婚恋交友服务,你刚刚看到了她和我的争论,她的理由基于她的偏见,认为网上交友耻辱。有些人觉得,只有失败者、性上瘾者、社交无能者才上网找人约会。还有些反对任何形式的网上交友的人认为,不能靠自己找到对象的人都有问题。但事实并非如此,好的婚恋服务机构都会帮助很好的人配对走到一起,线上线下都有。

我的理论是,人们不是因为走投无路才需要使用婚介服务。现在的生活和以往不同了，有些现实的原因令成年人相遇相识变得很困难。在决定你是否要加入婚恋服务中心之前，你可以考虑考虑以下几点。

1. 成年后人们遇到新人的机会减少了

比如说，大学时代，人们都被丢进一个大校园，有数千名相同年龄、相同背景和期望值相似的可以约会的年轻人。每天他们都有机会参与大量的活动，结识新朋友。结识新人是大学校园文化的一部分，走上前和某个人说，"你好，我是杰茜卡"，只是校园日常生活的一部分。在成年人世界中，接近一个陌生人的感觉和大学里完全不一样，他们去看篮球比赛的时候，可不希望有陌生人过来自我介绍。总之就是不一样。

除此之外，大学里有多种设计好的"混合器"，帮助学生们结识其他同学，交到新朋友和找到约会对象，比如女生联谊会、男生联谊会、机构、俱乐部和群组间的交流。

大学或者高中毕业之后，通常这样的单身文化持续兴旺，朋友间接联系着，他们交际往来频繁，还带新朋友加入。他们办派对，一起去俱乐部玩，搞团体活动。如此持续几年，情况则会改变。

大概在二十五六岁到三十岁之间，这种团体和心态的一致性开始被打破，你会看到大些的群组变得不那么紧密，大家的生活更加分化。其中很多人结婚成家了，算是自动脱离了"俱乐部"。另外一些人忙于堆积如山的工作。团体思维慢慢被"远离团体"的思维取代，大家更多地各过各的日子，也不是刻意为之，而是随着时间的推移，大家的日子过成了这样。问题在于在学校建立的持续到毕业后最初几年的人际交往架构不存在了，也没有新的架构替代，大家全然投身到工作的世界中。

有些人在工作中会接触到新人，他们情况会好些；其他人的工作像莉蕾一样，每天面对同样一批人，他们的工作不需要和公司以外的人打交道，他们从来没有机会遇到新人。他们每天晚上回家面对室友或空无一人的公寓，周六、周日做些日常杂事。成年人的生活决定了他们见的是同样的人，一成不变，没有约会新人的机会。先前源源不断提供新的面孔的环境架构已然消失了，他们陷入一个没有约会的沙漠中。

有个女人有一次告诉我："国庆节我过得很压抑，和四五年以前完全不同。那时我们的群体有三四十人，大家一起玩，还带来新朋友加入，结识新人是自然而然的事。现在群里的成员渐渐疏离了，今年只有十二个人一起过国庆节，除了我和一个女性朋友，其他人都成双成对的。随着年纪的增长，情况越发固定。"

当年学校或其他社交架构提供人们相遇结交的机会，现在交友服务可以做到这些，不是只有走投无路的人才用婚介服务，它不过是一种有架构的方式，帮人结识新朋友，功能和在学校时的"混合器"一样。

2. 社会流动性高，社区邻里关系松散

过去，社区邻里关系比现在更有凝聚力，人们不那么经常搬迁，社区的流动性也小。大家互相都认识，彼此常联系，你有可能认识某个人，他认识的一个人有个侄子和你比较合适，如果赶上聚会，他们会确保你俩都参加，可以相遇相识，或者他们把你介绍给这位侄子，或者用其他方式牵线搭桥。那时的社区邻里互相联系更容易，更像个完整紧密的一体。每个人都认识镇上的"媒婆"，一般她"生意"都不错，成功概率比较高。

如今，人们经常搬家，这样的社区和邻里关系越来越少。人们因为工作的原因搬家，科技的发展让一切更迅捷、更分散，街头一起吃个冰激凌的交际机会以及能让大家互相认识的关系网，都一去不复返了。因为社区邻里关系松散，认识可约会的人或是有人给牵线搭桥的机会都少了。

我不是说如今的人们没有邻居和社区，而是社区邻里间没什么联系。我了解到很多单身人士有不同的朋友群、支持

体系，但群组间互相不认识。这让单身们拥有很多分散的约会"资源"，没有整合为一体，成员们不能与更多人联结，进而在更大范围内帮助你。

进入成年期之后，人们过着模式固定的日常生活，见面的人重复来重复去，单身常在的工作单位等地方，通常没有大量的新人流入。单身们和同一批人重复见面。

很多人在小公司上班，同事不多；在大公司上班的，经常被"分割"安排到公司"大宇宙"中的某个角落。工作占用大量的时间，周周如此；除非你的工作需要你与外边的世界接触，否则工作会妨碍你找人约会。

也有很多人找对象仅限于单身小组，这个方法对很多人来说没有效果，况且这样参加单身小组的动机不纯。单身小组首先是个成员们学习的地方，是个让生命和信心得到支持、有机会去服务的群体，当人们把它当作找对象的唯一渠道，他们经常会大失所望。这不意味着你在单身小组里一定找不到约会对象，但我得到的反馈是单身小组的聚会有时变得像是在例行公事，是个无法产生约会的地方。

人们生活中其他的生活习惯也会留下相同的印迹，每个星期，使用时间的方式都一样，常去的地方也一样，和同样的人来往交际。这就好像一次又一次去同一个电冰箱里找吃的。

　　面对这样的现实，你何不加入婚恋交友服务中心？他们是专门为解决找不到对象的问题而设立的。参加的话，你能有什么损失呢？时间？要付出的努力？可能会遇到你不喜欢的人？我希望到现在你的心态已经改变，不在意这些了。你一定要投入时间，找到王子之前要亲吻数只青蛙，要结识很多人，你才能经历我们谈到的内心改变，"数字"才能增长，为你助力。有种才有收。如果你的目的是去真实地经历过程、去获取经验，那你有什么可损失的？

　　于是，我向莉蕾"兜售"了这个想法，她不喜欢但照做了。你猜怎么着？网上婚恋交友服务帮她找到了丈夫，他们根据一些匹配指标帮他俩牵线，没有什么虚构的人选以及年轻 10 岁和轻 10 斤的照片，该服务中心讲信誉，依据每个会员填写的心理数据档案帮人配对。莉蕾和她未来的丈夫先发现他俩有很多共同点，然后通信联系，最后面对面相见，现在我等着听他们生娃的好消息。如果她听从自己的"耻辱论"，那就不会有这桩婚姻。

几点提醒

　　关于使用网络婚恋交友服务有以下几点提醒：

(1) 请记得，你现在要做的是提高"数字"，如果没有马上遇到"那位"，不要灰心，多多见人。

(2) 不要太快放弃。很多人告诉我他们放弃了，因为没有立刻找到一个"匹配"的人，或者因为见了几个人但达不到他们的预期。别多想，单单让"数字"为你发挥作用。

(3) 研究现有的网络婚恋服务网站，看哪些服务中心主推你想找的那类人。打听一下你周围的"用户"，了解他们的体验。

(4) 不要设框架限制自己，当创立个人档案时，要求和期望清单不要过于严苛。

(5) 谨慎小心。要确保使用正当渠道。要了解清楚那人有什么朋友圈子、工作和所在社区群体。在公共场合见面，获取真实信息，对一个人有所了解之后，再给出你的个人信息并决定是否单独相处。不要冒险，联系服务中心，学习他们的安全守则，保证安全。

　　我们以后还会介绍其他提高人数的方法，但是线上线下的婚恋服务可以是个很好的工具。使用科技和专业的人际交往服务，能帮你快速搜索到感兴趣的人。使用婚恋服务，你的武器库中就又多了一个兵器。

第 10 章

坚持不懈，提高数字

　　一个已婚的朋友克莉丝汀问我在写什么书，我告诉了她，她立刻讲起她的一个朋友："我朋友梅雷迪思需要读你这本书！她今年34岁了，找不到对象，对约会满腹牢骚，而她约会的方式简直是胡闹，这样下去，我看她是嫁不出去的。"

　　克莉丝汀继续说："有一天晚上她打电话告诉我，她去见了一个婚恋服务介绍给她的男生。她一直对约会状况不满意，朋友们都竭力敦促她行动起来，可她的约会模式刻板无趣，从不变通，固守着她的那些要求，如果我们帮她牵线的对象不符合她的要求清单，她就拒绝和人家见面。于是，我们劝说她加入婚恋服务中心，她才见了一个人，就要放弃，原因是她说对方是个窝囊废，我对她很绝望。我注意到一个有趣的现象，她的约会方式和我已婚朋友们的约会方式完全不同。"

"此话怎讲？"我问。

"我那些已婚的朋友好像都没有被一项项的要求框住，他们心无旁骛地去约会很多人，后来'惊喜'地遇见某个人。我们见过很多人，坏蛋、渣男以及我们毫无兴趣的男人，都约会过。如果没约会过一些不喜欢的人，你就不会明白自己喜欢什么样的人。约会和生活中好多事情一样，我们必须坚持不懈。

"你来帮我写那一章，好吗？"我问她，"我真希望每一个单身都听到你方才所言，这和另一位已婚女士在'改变常规行动路线'那章里给的建议一模一样。"

"是啊，她们应该和我们已婚人士聊一聊，我们都明白王子不会从天而降，你先得亲吻很多青蛙。有意思的是，最后让你陷入爱河的人和你曾经以为自己想要的完全不同，和你以前一直找的类型也不同。我丈夫就是这样的，许多已婚朋友的丈夫也如此。"

我之前说过，"数目"不是问题本身，而是内在问题和外在机会不足，使人一直单身下去。关于如何在内在问题上下功夫，我讲了很多，因为内在问题会拦阻你脱单，甚至会令你连遇到新人的机会都没有。但从另一个层面上讲，努力提高"数字"，持之以恒，既能解决内在问题，也能解决外在问题。

想要找到值得拥有的约会对象，你必须要把"数字"提高上去（一个外在问题）。约会首先是个数字游戏，尽管有例外，偶尔你会听到这样的故事："我和大学时遇到的初恋结婚了"，或者"我和高中时的恋人结婚了"。这些不是常态，通常人们要约会很多人，才能找到一段好的感情，进入婚姻。现实生活原本如此。

想要把"数字"提高上去，你必须有意愿坚持到底不放弃（一个内在问题）。如果你因为一次不好的约会经历而灰心失望，那你可能会止步不前，太快放弃。如果某一家婚恋中介推荐给你的头几个人选不合你意，你可能就退出那家了，或者干脆全面放弃尝试。要提高数字，你必须处理内在的自我信息，处理所有那些阻碍你行动的信息。

最近我和两个人谈到同一家网上婚介机构。其中一个人放弃这家中介因为对其印象极差，"他们给我推荐的都是渣男。"她说道（可能意思是有两个男生她不喜欢）。另外一个对该中介评价很高，她通过这家中介找到男友，虽然经他们推荐，她约会过好几个人，包括其他城市的，而且她与刚开始联系的那几个人感觉沟通不畅，但她没有因此放弃，最终找到适合她的男友。这两个女人找的是同一家婚恋中介，结果一个兴高采烈，一个希望幻灭。

约会是这样，生活中所有的事都是这个道理。人生成功如同垒球比赛，队员很少在第一次操起球棒就能来个本垒打，大获全胜，他们打出过让对手三振出局的好球，不时打几个臭球，偶尔来几个漂亮的一垒安打，渐渐地开始赢得比赛。这并非一蹴而就，而是要历经多场比赛，在过程中不停地提高。生活中，坚持不懈的态度会带领人们走向成功。

我再重复一次，约会的问题既关乎内在也关乎外在，外在的部分是你需要提高"数字"，你要采取行动，让自己有机会认识新人，大量约会各种不同类型的人，想方设法做高数字，包括使用婚介服务。提高数字！提高数字！

调整内在问题会帮助你提高"数字"，当遇到挫折时，你就能做到不放弃。如果你灰心放弃，那你的"数字"必定不高，想要结识很多人，你必须坚持下去，即使你对结果不满意，即使你对遇到的人没兴趣，你也要锲而不舍。人们在开始一个计划或项目时都激情满满，比如新年时制定的健身计划，大家都能做到有个好的开头，他们的锻炼方法也有效，但是大概实施一两周后，很多人就放弃了。这种行为表明，他们有行动的能力，但没有坚持不懈的决心。

将实现约会落实到行动上，首先就要做到坚持不放弃，这是克莉丝汀已婚的朋友和没有对象的朋友之间的不同。如果你不是为了和某人结婚才和他 / 她约会，而是为了在过程中学习了解自己且认识他人，有个快乐的经历，这样坚持下来你既毫无损失，又能获得经验。我确信那些有过"不好"约会经历的人，是因为她期望约会那天就能找到灵魂伴侣，而不是把期待值设成和一个有趣的人共享一段美好时光。不要指望每一次约会都是真爱现身，先争取做到与人愉快相处。

其次，你要定个目标，坚持不懈，为之努力。你必须播种了才能有收获。请付诸实践，去有人气的地方。一切重在参与，"不积跬步，无以至千里"，渐渐地这些做法会让你结识到很多人。以我个人经验，约会成功的方法和人们在生活其他领域成功的方法一样，成功的人都积极参与，寻找小机会，而不是指望一举成功。坚持去人多的地方，即使眼下你认为没什么用。

你不妨问问已婚人士，他们是通过什么渠道找到配偶的，你会发现他们给出的答案通常都是最常见的活动场合，比如：

· 派对 　　　 · 职场活动

· 会议 　　　 · 工作中（同事、客户等）

- 某些机构主办的活动
- 博物馆
- 体育活动
- 潜水培训班
- 义工活动
- 婚礼
- 飞机上
- 相亲

- 图书馆
- 读书俱乐部
- 婚介服务
- 学校
- 研究生学院
- 校友会
- 家庭成员
- 朋友

当你列出已婚人士彼此相遇的地方时，你会发现大部分地方都普通寻常。我讲述一件真实的故事。

我的一位女性朋友有一次在飞机上，看到一位男士登机进了机舱，在那一瞬，她说她听到内心有一个声音："你将会嫁给那个男人。"她告诉我，她以前从来没有过这种感觉。那个男人在她前几排坐下，她装作平静地耸耸肩不加理会，觉得自己有点疯癫，一边看杂志一边怀疑自己方才是否神志正常。

起飞一个小时之后，那个男人起身走过来，问他可否坐在她旁边！他说他上飞机时注意到她并想结识她。他们聊了一会儿，他又问等飞机抵达后可否约她再见面。她说她希望对方能理解她的价值观，见面可以，但不能玩"猫腻"。他们见了一次面，相处愉快，双方同意再约。

后来，他去她的家乡拜访她，她带他去见父母，他与她的家人相谈甚欢。一年之后，他们结婚了。

我们可以看到，双方从相识到相知的关键在于他们积极主动、有开放的心态。女方身上流露出的信号让男方感受到了，更准确地说，他认为"她挺开放，我可以去到她身旁坐下。"当男士坐过来之后，女士保持了一种开放的心态，令男方愈发对她感兴趣。

这样的例子确实不寻常，但戏剧化的故事也会发生在并不戏剧化的日常生活中，所以一定要多去一些场合，毕竟有人的地方才能找到约会对象；要保持开放的心态多结识异性，如此持之以恒，相信你一定会找到约会对象。

第 11 章

组 建 团 队

你不能单靠自己来改变约会状况，你要承认自己需要良好的支持体系，帮助你在约会生活领域成长。

格蕾琴断断续续和瑞安恋爱快一年了。瑞安并不想与格蕾琴组建家庭。格蕾琴自认为需要和瑞安分手的原因有很多，但是每一次格蕾琴提出分手，瑞安就会施展魅力让她回头，重归于好。

后来，格蕾琴加入了一个成长小组，几个女生在各自有待成长的领域互相督促、帮助。格蕾琴告诉她们，她和男友瑞安反复分手又和好的模式，她们直言相劝，说这样下去会毁了她的未来，她在被他利用，如果不和他完全结束，她永远找不到她想要的幸福。加入小组之后不久，格蕾琴再一次提出分手，瑞安又一次将她哄好。小组姐妹们再三帮她分析，她终于鼓起勇气彻底分手。

这一次与以往不同。以前和瑞安分手之后，她消沉、伤心，想到再也无法在一起，她悲痛欲绝，她太爱他了。但这次有小组帮她，她有备而来。

"你要把提分手的时间安排在和我们聚会见面之前，这样，你提过之后，可以马上见到我们，我们能陪陪你。"她们告诉格蕾琴。

格蕾琴照做了，和瑞安分手之后，她去参加小组聚会，和她们在一起，冲淡了沉重的失落感。她还在这个小组的一个女生家住了几晚，以助自己度过分手后的"自闭期"。她一天比一天坚强，越来越能控制自己，不再回瑞安的电话。没过多久，格蕾琴与瑞安有开始重复以前模式的苗头。但结果如何呢？让我们听听事后格蕾琴的叙述。

几周之后的一个晚上，瑞安还是打电话找到了格蕾琴，他们"只是"聊聊各自的近况，越聊，她越想起他的好，她喜欢他的幽默感、聪明和体贴（至少偶尔会表现出来）。在她眼里，他独一无二、无人能取代，她的心软下来了。

那一刻，他说："你过来吧！我们只是聊聊，一定很美好……我想你。"

她犹豫了，但是有点沉醉于那个时刻。她自忖道："听上去他好像改变了，值得再和他试一次。"

"行，"她说，"稍等一会儿，我换身衣服这就过去。"挂了电话，她又兴奋，又有点儿害怕。

"我十分激动，马上要再见到他了。我希望分手迫使他改变了，他肯安顿下来，负起责任，那么我们之间就有转机。但是，我穿衣服的时候，仿佛听到有人对我讲话。那是你们——我的朋友们在说：

- 你在做什么呢？他不过是要再次利用你。
- 不要和他上床，你会恨自己的。就像你以往软弱时一样，你们睡过，清早醒来后你会憎恶自己。
- 和他在一起一天，就离适合你的男人远一天。
- 找个尊重你的人，他对待你的方式，不是你想要的。
- 他永远无法在生命里带领你，满足你所需。"

格蕾琴笑着说道："那情景好像你们在我身旁，面对你们，我竟无法反击！于是我醒悟过来，如果我不能抗拒他的诱惑，我会再次面对失败。这次我没有屈从！我打电话告诉他，我不过去了，以后不要再给我打电话，我们彻底结束了。这都归功于你们给我的力量。"

她成功分手，现在嫁了个好男人，生活幸福。

乔尔是个人见人爱的好男生，他已婚的朋友都搞不懂他为什么 35 岁了还单身。很多人打趣他，看上去他是妥妥的金龟婿啊。

尽管他希望找个好对象，但他倾向远远地看着女人，把她们理想化，而不肯积极主动追求，等他鼓足勇气邀约女人时，通常她们会答应，然后见面，相处愉快。

接下来通常会有两种情况发生。一种是女生完全对他着迷，他兴趣顿失；另一种，他被女生迷住，人家对他没了兴趣。乔尔陷入了一个怪圈：想要的得不到，不想要的却不知如何拒绝。

幸运的是，乔尔找到了愿意帮助他成长的团队。他把他的约会问题摊到桌面，寻求他们的支持。

他的团队发现，乔尔不会拒绝自己不喜欢的女生，他说不出口，害怕让女人伤心。他们还发现，面对喜欢的女人，乔尔会表现得太卑微，急于取悦女方，变得没了他自己（参见第 19 章《本色出场，做你自己》）。女方看不到真实的乔尔，一个果断、有魅力和有能力的男人，看到的却是一个试图讨好人的小男孩，于是女人会迅速"关机"，兴趣消失殆尽，他则感到失望、悲痛。

那时，乔尔和他的朋友们在读《为约会立界限》(我和约翰·汤森德合著)那本书，朋友们对乔尔的约会模式提出了建议：乔尔要努力突破自己，面对不喜欢的女人，不能拖泥带水，模棱两可，而是亮明态度；面对喜欢的女生，不要只远远地凝视，消极被动，而应更果断、更勇敢。

接下来他遇到了一位自己真心喜欢的女孩姬儿。在追求姬儿的过程中，他的团队帮他处理他的一些内在想法，他们像个教练，禁止他说这些话，如"她永远不会喜欢我"，以及"她可能在找更帅气、更有成就的男人"。队员们鼓励他只管重回"赛场"，他照做了。现在他和姬儿有了3个孩子。

乔尔的成功得益于他的团队，如果没有团队帮助他看清问题，和他正面交锋，扶持他、鼓励他，助推他超越极限突破自己，他会依然只是远远地凝望，或是久久地陷在某段关系中停滞不前。

我还知道一个反面的例子。有个女生，她的同班朋友，像格蕾琴的朋友那样帮她，但她不肯听她们的意见，反倒生她们的气。她结了婚，两年以后离婚了。所以，如果你想组建个支持团队，你要愿意倾听团队的反馈意见，并且愿意付诸实践。这不意味着你的团队永远正确，或是完全理解你的全部情况，他们对某个人的判断也许不对，但它意味着，你要对他们坦诚，令他们可以看到你约会状况的真相，因为他们最了解你、爱你。在约会大事上，不要孤军奋战。

行动步骤：组建团队

组建什么样的团队取决于你的需要，人员可以是心理治疗师、好朋友、互相监督的伙伴、导师或有智慧的朋友；可以组建互助小组、康复小组、心理治疗小组。这些不是硬性的规定，唯一必需的是你一定要向他们敞开心扉、愿意暴露软肋、遵从他们、坦诚展现自己，让他们看到你的全貌，你也要认真考虑他们给你的观点、反馈、挑战和纠正。

在第13章《不拘一格》中，莉蕾采取积极的行动，改变了她的约会状况，你将会读到之后发生的事。在这个过程中，外在情势会转变，你也会改变和经历内在的成长，有时这个过程很吓人，你感觉自己黔驴技穷、走投无路，此刻你需要援助，可是在哪里找呢？

我可以向你保证（莉蕾也会保证），如果没有她组建的团队，她就无法完成她需要完成的过程；对于需要作出的改变，她也无力改变。她的计划之所以奏效，团队的支持是关键的因素。设想一下，在约会过程中，如果你遇到困难，或面对需要改变的紧要关头，你去哪里寻求帮助？下面是在约会的道路上你所需要的：

· 智慧

· 纠正错误的能力

· 支持

· 勇气

· 再次尝试的催促

· 榜样

· 跌倒了再爬起来的鼓励

· 诚实、一针见血的反馈

· 洞见

· 自我意识

· 对约会对象人品的判断力

· 去冒险的敦促

· 当面对质和设立界限

· 建议和策略

· 对于你脑海中声音的其他解读

　　你的小组可以提供上述所有事项的帮助，要记得，没有人能靠一己之力做成大事，特别是在个人成长领域，组建你的团队吧！

第 12 章
授权赋能团队

　　我的朋友丹几年前离婚了，当时我清楚地预见到他离婚后会怎么做：他会马上找个女人，开始一对一排他性的约会，这些会在不知不觉间很快发生。所以我提醒他这个不好的倾向，并建议他保证至少六个月的空窗期，不约会，他可以和朋友一起休闲娱乐，但不带有约会色彩。空窗期后他便可以和不同的人约会。我还给他定了个规矩，在任何时期，他都要和最少 5 个女人约会，不确定关系的那种，只是互相了解的交友性约会，而且他要和女方讲清楚，他现阶段只是出来和不同人交往，彼此陪伴能有愉快相处的好时光，不是在找罗曼蒂克的长期关系。

但是，丹并没有听取我的建议，我担心的事还是发生了。离婚没多久他就遇到了一个女人，她告诉他自己有多么好。"她正面积极！"他说。她的内涵和他前妻形成鲜明对比，他说前妻常常否定他。"她真的很赏识我这个人。"和她约会，好似给瘀青的伤口抹了些跌打油。

他开始和她单独约会，几乎不见其他女人。导致他离婚的问题还没处理好，但已经又走在通向婚姻的路上。他根本就没有面对他的实际问题：离婚的伤痛、如何选择适合自己的女人。他像一只走向屠宰场的绵羊。

然而，他很幸运，我和几个走得近的朋友逮住了他，把他"绑到树上"。

我们插手他这件事，告诉他："你看，你还年轻，来日方长。但是你有软肋，只要一个女人说你是个好男人，你就相信！她让你上钩、咬饵，然后抓到你。如果这次你还这么做，不努力解决该解决的问题，你这次的婚姻也未必能幸福。我们不能容许你这么做。给这个女人打个电话，告诉她你们结束了！"

他试图否认他对这段关系是认真的，可是我们不理会他怎么说，事实摆在那里，我们知道他没有面对现实，没有处理他的问题。他在重复一个不健康的固有模式，我们作为朋友不能眼睁睁看着他这么做。

他明白我们关心他，听取了我们的话，照我们的建议做了。接下来的六个月，他没有约会任何人，他去参加离婚康复小组，见心理治疗师处理他所有的问题，之后他开始约会，并保证六个月内不会和任何人确定关系，他承诺要大量约会，并从经验中学习。

他这样四处约会了大概一年，之后，他找到一个非常好的女人和她安顿下来。她是个好伴侣。这里的重点是，若不是我们把他"绑到树上"，不可能促成这桩婚事。没有这些一心为他好、支持他的朋友们，他会让"自动驾驶"模式掌控自己，他会再一次作出糟糕的选择。

"把我绑到树上"，意思是你赋能一群朋友，他们可以与你正面对质，阻止你有自我破坏的行为。告诉他们你的固定模式，许可他们在你再次陷入固定模式时出手阻止你。告诉他们你的弱点所在，在你暴露弱点时，请他们干预。这是"警察"工作大放异彩的时刻。以下是几个需要团队干预的情况，如果你有以下任何行为，他们就要与你正面对质：

· 找借口不按计划执行

· 第一千次去找错误的类型，还幻想这次将和以往不同

- 你知道应该和这个不适合的人分手
- 结束了一段糟糕的关系，却试图走回头路或者已经回到老关系中
- 分手或离婚后，本需要疗愈和成长，却在"反弹期"直接进入排他的关系中
- 中途偏离既定计划
- 逃避该采取的成长步骤
- 交往对象人品不好
- 和信仰不一致的人谈婚论嫁
- 为了约会对象放弃自己的道德标准
- 约会时放弃你的信仰、生活和朋友
- 对有严重问题的人神魂颠倒
- 为了让对方喜欢自己而做两面人

在这些时刻，你需要"监护人"介入，因为你的理性已经被强烈的感情和内在需求所战胜，这也是为什么我之前说，还没开始约会时，你应该组建好后援团。如果他们已经就位并且被赋能，他们则随时可以采取行动。他们站在你这一边，不要和他们斗争，倾听他们所言，或许他们能挽救你的约会生活。

第 13 章

不拘一格

莉蕾在做这个教程时始终和我沟通。她遇到的下一个障碍是有共性的，可能是莎拉、辛迪妮、瑞奇或者萨姆，我在不同人身上反复看到过相同的问题。

有一次，我问莉蕾，她当时认识的几个男生情况怎样。她提到了某个男人的名字，然后评价他说："他人不错，但是我永远不会再和他约会。"

我问她："既然他人不错，为什么不再约了呢?"

"他不是我的类型。"

"你理想的类型是什么样的?"

"我喜欢高一些、运动型的男生,而他更像个生意人,我是说他精明,不是我喜欢的类型。"

"那给我细讲一下你的'类型'。"

"我喜欢男人强壮、爱运动、成熟、外向等诸如此类的特征。不久前我遇到一个男生,我觉得他是这样的,但是我不喜欢他看待问题的视角。"

"我看,联邦快递员越来越有戏了。"我打趣道,"你的选择范围已经很狭窄了,如果你问我的看法,我会说,你发疯了才这么想。"

"你凭什么这么说?"她语气中含着些许争论的味道,这已经是我俩互动的常态了。

"有几个理由。"

"什么理由?"她追问,"你不会是这个意思吧,我必须尝试爱上一个我不会感兴趣的人。我早听过这个说法,但我做不到,选择去爱一个你不那么感兴趣的人,恶心!"

"不,我不曾也永远不会希望你去尝试喜欢任何一个你不喜欢的人。那很愚蠢。我的观点是你应该找一个可以在各个方面让你来电的人。"

"如果这样,那为什么你想叫我约会不吸引我的人?这貌似在浪费时间。"

以下是我给莉蕾的理由。

1. 如果约会不是为了结婚，"类型"还那么重要吗

还记得我们讲的第一个规则吗？为了你的成长，为要了解自己想要的、需要的和不需要的，你不可以把约会看作是找到终身伴侣的活动，而应看作是结出美好生命和人格果实的活动。如果约会不是为了找结婚对象，那你为什么那么在意对方具体是哪种类型？

如果你介意，那表明你还没有真正加入这个教程，你依然把约会看作是找到"那一位"的工具。不然的话，哪种类型有何相干？它就是一个约会，仅此而已。假如你是保守派的，和自由派的聊聊能够开心；假如你是自由派的，也可以找保守派谈谈，即使你不完全赞同对方的每一个想法和信念，那又何妨？

如果你只想和某种特定类型的人约会，这可能是你约会生活停滞不前的征兆。别再坚持你的类型了，何况这类型也许是个破坏性的偏好，至少它局限着你。

2. 要求特定类型，往往源于病态

温迪钟爱肌肉男。我试着让她见见那些不符合她的身材"模板"的男人，她拒绝了我，我一再坚持，最后她同意了，

以下是后来发生的事。

她同意去见一个外形不那么强壮的男生，吸引她的男人一般要比这个人彪悍，她不喜欢这次体验。我想，不喜欢某事通常意味着此事蕴含着成长的机会，就敦促她再和他见一面，然后我们进行了如下的讨论：

"说到和他聊天，我是喜欢这两次约会的，"她告诉我，"但是我感觉怪怪的，觉得自己不那么有女人味，不像和强壮的男人出去时那么有女人味。"

"你指的是'外形'强壮的？"我要她澄清一下，我这么问有点狡诈，因为我知道外在的强壮不是她所需要的。

"对。"

"那么，面对一个正常的非肌肉男，你有什么感觉呢？"

"感觉自己不够'女人'。"说着，她眼角泛起泪花。于是我们讨论她那感觉。她接着流泪。

"对自己，我有这种感觉，"她说，"就是有时我觉得自己不够女人，我不希望这样，可是我偏偏这样感觉我自己。"

我们又谈了很久，长话短说，她自认不够女人的想法，来自她青少年成长时期被兄弟们贬低而产生的感觉。结果她内心变得"坚硬"，或者至少她让人看到一个硬壳，硬壳之下有很多温柔的情感，她禁止自己去体验，也不与他人分享。

但是，男人肌肉的壮硕、大男人的威武，对她来说是有力量的象征符号，与他们相处，她感觉自己"软一些"，感觉好些，因为这种温柔的感觉令她觉得自己更像个女人。问题是她这样并没有真的变得更有女人味，就像一个有中年危机的人受年轻人吸引，但不能让自己重回 22 岁一样。

因为她试图通过这个符号或类型来解决她的问题。肌肉男的刚硬、不温柔正是吸引她之处。她坚持和这个类型的人约会，成了她在约会道路上停滞不前的原因之一。

男人也会做这样的事。他们所向往的美貌常常象征某些东西，用以弥补他们的缺憾，他们找了一个又一个肤浅的女人，还纳闷为什么他们的感情生活不顺。

记得我在第 4 章《约会不等于谈婚论嫁》中说过，你需要约会多种多样的人的理由有许许多多，特别是约会那些你通常不会约或不觉得有吸引力的异性，这样做不仅是为了让你约会时没有压力，从而让约会对象有潜力进一步发展成为恋人，也是为了让你不再坚持特定的类型，因此你可以努力做好以下几点：

· 了解各种各样的人，认识他们，在他们身上发现你本来不知道却是你所需要的特质。

我派那个年轻人去约会一个非他所要的类型，那女人的外表不吸引他，但这次约会永远改变了他寻找女友的关注点。和灵性、成熟的女人相处之后，他开始寻求真正有深度的人，他如愿找到了。

- 体验享受美好约会活动本身。

你是为了买餐馆才去餐馆吗？还是为了美好、值得享受的体验而去？你可以和某个人约会但不爱上他或她，约会可以是人与人之间的交流，共度一段好时光。

- 消除压力。

如果你把特定类型的人罗曼蒂克式地理想化，当他们出现在你身边时，你通常会魂不守舍，没法做你自己，当你和你要求的类型之外的人约会时，你会更自在地做自己，能更多了解自己和他人，而不是被淹没在痴迷中。

- 服务和关爱他人。

学习用不以自我为中心的方式与另一个人接触是一个关键的人际关系技能。学习如何倾听，如何逐步了解一个人，如何对眼前这个人感兴趣，如果你确实学会这些，那你会逃离约会时以自我为中心的挣扎。你爱的能力会扩张，这以后会帮你找到你所爱的人，也会帮助你与他们相处。

- 发展技能。

不同类型的人会发掘并提升你的不同技能。如果你和一个坚定、自信的人在一起，你可以学习为自己发声，不被他人掌控；如果你和一个高智商的人在一起，你可以学习捍卫自己的观点，发展独立思考的能力；如果你和一个自由派人士在一起，而你是保守派的，或你是自由派而对方是保守派的，你也许会了解到你对现实的认知中被忽略的那部分；如果你和一个情感上不自我封闭的人在一起，你可能会学到如何处理和用言语抒发自己的情绪；如果你和喜欢户外活动的人在一起，你大概会从头脑世界走出来，去经历这个世界和感受自己的身体。

3. 经历约会才能找到你的类型

不知有多少次，那些婚姻幸福的妻子或丈夫对我说："他（她）根本不是我要求的类型，我完全没想到最后会和他（她）结合，我一直寻找某种类型，然而我的一个朋友敦促我见见他，我听从了。起初，虽然我们约会，但我的心并不敞开，经过一段时间，我在他（她）身上看到某些东西，我以前从来不知道世上竟有这样的东西存在，然后我深深地爱上他（她），超乎我的想象，比以往的爱更深沉、更丰满。如果我盯着自己想要的类型，没给他（她）机会，我现在会身处何种境地，想想都后怕，那必定是错失我人生中最美好的事了。"

你想要的类型是基于你头脑中的种种想法，但不是每个想法都是好的；也基于对你不曾经历的爱情和男女关系的辽阔世界的无知。这不是说最终你一定不会和你想要的类型结合，也不是说你想要的类型一定是错的。

我刚和一个有着 25 年幸福婚姻的男士谈话，他说："她完全是我想要的类型,从 15 岁开始,我想的就是这样的类型。"看到他们彼此相爱，我真的为他们开心，但是他找到他的"类型"之前，他约会了很多人，扩展了他的经验。你的类型可能是最终的赢家，但你要确保它经受过大量的竞争和考验，如果你的类型赢了，它应该赢得公平。

4. 操练做个好人并寻求美好经历

要清楚你当下应该做什么，不是找配偶，而是要练习与异性相处，怎样拥有美好经历，把"数字"提高——这些可以引发诸多好事发生的行动。为实现目标，你必须突破你的类型局囿，除非你觉得联邦快递的制服确实有魅力。

第 14 章

见面前省察期望值

我们讨论了不要局限你自己，不要只找特定的某类人，现在让我们进一步深入讨论这个话题。

类型是别人对他或她的总体描述，高大、运动型、金发、聪明、外向、矜持、保守派、自由派……按照定义，类型是对某个人的看法的总结。

我通过和莉蕾及其他在约会方面停滞不前的人谈话，发现很多人不仅有类型要求，还有更多细化的要求，他们长长的清单列满了各项细枝末节的要求，把一些很好的人排除在外。实际上，类型、期望和要求是不该带进约会的。假如你对食物几乎都过敏，想找家饭馆美餐一顿的难度会很大。

我曾辅导过一个三十五六岁的男士，他打印出来一张单子，上面有不计其数的要求。有关于容貌的特定要求，比如腿长什么样、头发和皮肤什么颜色；有关于打扮的，比如她应该穿什么衣服。接下来，他还列出一些她必须有的鸡毛蒜皮的事项。他甚至进一步具体说明对她个人品位的要求，对家具、服装和电影的偏好，等等。那单子没完没了，我看到时，惊呆了。

很多他所列的条件不会在一个人身上集中存在，有些特点是互不兼容的！例如，他想找一个自然、无拘无束、富有创造力的女人，同时她要井井有条、做事有章有法。你可曾见过谁这些特质兼而有之？

我告诉他他把自己框住了，如果他能在全国范围内找到一个合乎他清单上所有要求的女人，我会惊掉下巴。他开始明白，生活中有些事情的确很重要，事关一生相许与和睦相处，但是他的期望范围远远超过这些重要的事情。很多他认为重要的事情让我觉得好笑，我和他分享很多别人的故事，那些他深怀敬意的婚姻故事，那些他很尊敬的女人的故事。那些女人不符合他的期望标准，却是她们丈夫的挚爱。他诧异地意识到很多他认定是"基本"的事情，在那些他敬重的人的美好婚姻中竟然不存在。

例如，在他认识的"理想"已婚的女人中，他发现她们在很多方面与丈夫迥异，包括她们的品位、践行信仰的方式。她们的丈夫觉得这些不同之处完全不重要，他们爱妻子这个人和她的其他特点。这个发现颠覆了他的认知，他的心胸变得更开阔、更有包容性。

这时，好事来了。他开始与一位比较熟悉女人的约会，他放下那些严苛的期望，对她敞开心扉，他不再纠结那些二人之间的"差异"，本来也都无关紧要。他花更多时间和她聊天相处，了解她这个人。令他大吃一惊的是，他爱上了她。

"有块瑰宝一直就在我眼前，我却视而不见，"他告诉我，"真是难以置信，以前我居然那么封闭。"现在他们结婚了，很幸福。

我辅导的一个女生对约会对象有一长串关于社会地位和教育背景的要求，她期望他毕业于常青藤名校，来自特定的社交圈。当她遵照我的教程，丢掉她的"资格"要求清单，她遇到了一个很棒的但大学没毕业的男生。他从事服务行业，他热爱这个行业并得到业界的褒奖。她惊讶地发现他非常吸引她，虽然他不符合她的期望清单，但是他能真实地做自己，从事着自己喜欢的职业，他对生活的热忱和他的人格远比一个有学位的机器人更有魅力。

在我最近一次约会讲座上，有个男士问了一个关于他正约会的女生的问题："如果你喜欢一个人，但她的言行不一，你会怎么做？"

"嗯，那可能是个严重的问题，"我答道，心想着他可能指的是脚踩两只船和撒谎，"她做什么了？"

"是这样，她说信仰在她生命中头等重要，但她的行动和她所说的不一致。我每天花一小时阅读和默想，她却不。她希望我们的关系能再进一步，我沉默没回应，如果她真的看重信仰，她应该每天和我一样，花至少一小时研读和默想。我不能对她认真，除非她的心和行动一致起来，开始像我一样阅读。"

"我问你一件事，"我说道，"假如现在是 1204 年，她说信仰对她来说最重要，你如何判断她说的是不是真的？"

"你什么意思？"

"噢，假如现在是 1204 年，还没有印刷机，还不是人人都能阅读，因此她不能像你那样，那你怎么能知道，她所说的自己的信仰是否真实？"

"也许看她如何待人接物。"

"还有，虽然她不是每天阅读，但如果她基于正确的价值观做人生决定、按照信仰的原则过生活呢？换句话说，也许她对信仰很认真，但她的表现方式和你不同；再假设，倘若她这样衡量你：每天是否到户外树墩上坐一个小时独处默想？
那你能合乎她的标准吗？"

这个例子的关键点很清楚：他自己定义了什么是可取的
行为，把这个定义套用到她身上。他的期望拦阻了他去发现
她真实的生命状况。我们都知道，他需要通过进一步了解她
这个人而发现这点，不是强行以他所期望的标准来衡量她。

我有几点提示，帮你判断你是否也有个要求清单，希望
能够帮助你在约会中更加敞开自己。

- 当你遇到一个人，你是否发现自己在用脑海里的清单
  评估这个人？如果是这样，请你叫停，尝试着去了解
  眼前这个有血有肉的人。
- 当你请朋友帮你牵线，你会给他们一个要求清单吗？
  如果他们推荐的人不符合你的期望，你就默不作声，
  不予回应吗？
- 当你展望未来，你看到的画面是自己手中拿着对未来
  配偶的要求清单吗？
- 问那些了解你的人，他们是否觉得你挑剔？
- 为能敞开自己结识新人而思考，承认自己并不完全知
  道需要有什么样特质的人，寻求帮助，对你不知道的
  事情能保持谦虚。

在以后的章节中，我们会讨论那些影响长期关系的重要因素，某些要求、素质和品格特点确实是至关重要且不容忽视。但是，要记得，我们现在讲的是约会，不是婚姻，怀着零期待去约会，你会有惊喜的。

第 15 章

忘掉一见钟情

　　"一见钟情"是个很普遍的错误观念，我认为应该称之为"大脑损伤"。原因有两个：第一，你一定是大脑遭受过损伤，才会一见就爱；第二，如果你认为你的感觉是爱情，在你接下来的交往中，它会给你的大脑带来很多损伤。这是个双重疾病，一方面，人有病才会相信一见钟情；另一方面，当你这样信了，它会令人生病。

　　很可能你不同程度地认同一见钟情，特别是在青少年时期。但是步入成年之后，如果这种感情有机会发展成为长期稳定的关系，你需要明白，没有一见钟情这回事。

这不意味着一见钟情完全虚幻，也并非否认它含有某种非常强烈的东西，甚至是美好的因素，但是它不是爱情，你也不该把它当作爱情来看待。

一见钟情这一现象，从约会角度来看，我们需要注意的第一点是：不要因为某人让你回头一看再看或心跳加快，你就以为发现了珍宝，你的幻觉会愚弄你，心跳加快和爱情或任何能持久的事都没关系。我们需要注意的第二点是，没有一见钟情，不意味着你遇到的那人就没有多大价值，或没有发展长期关系的潜力。

好莱坞、麦迪逊大道①、童话故事、电影以及言情小说等加重了这个错误观念，混淆了是非；一见钟情，曾经被理解为幻想的东西——女巫配制的爱情药水引发的现象，如今被当作爱情本身的运作方式。这不是真实的，不要相信。

我们要明白，这样的情感是基于你内在的某些东西，不是来自你迷恋对象的自身的宝贵品质。你着迷，完全是你主观的反应，你对一个人有如此感受的原因可能有多种来源，有时我们该去挖掘一下，这很重要。比如，我们之前讲到的温迪，她只被那些令她感觉自己有女人味的男人吸引，这完

---

① 美国纽约曼哈顿区的一条大街，许多广告公司的总部所在地，是美国广告业的代名词。

全是因为她内心的脆弱和自相矛盾，和男人无关。最终，温迪弄懂了自己软肋的成因，放弃让她一见钟情的类型，爱上了一个"非兰博型"的男生。我们假设一下，如果她相信肌肉男是她的真爱，后来意识到在肌肉之下找不到她所需要的，还意识到她需要那些肌肉是出于病态，那她会怎么样？

举几个我做辅导时遇到过的实例，这些单身们对他人一见钟情，我解释下为什么他们不应该信任这种情感。

- 娇小玲珑的女人会让有些男人感到强壮，他们可以逃避面对自己的软弱之处。当他和她在一起时，他感到完整，感觉到与他自身所缺失的东西联结上了，但是随着时间的流逝，他开始愤恨他爱上的娇小的女子，憎恶她的"柔弱"。

- 见到那个高智商、高学历的男人，她感觉自己沦陷了，他出身名门，智力超群，她被深深吸引。其实这些代表着她能得到自己傲气的母亲的认可——母亲自小家境清寒，这个男人身上的这些标签她可望而不可即，所以会看得过重。

- 那个很绅士的男人让她感觉她的王子现身了，她深深爱上他温和的性格。后来，他的优柔寡断和被动无为令她抓狂。其实她没看清，她所欣赏的绅士风度其实是他的被动消极，但是这让她感觉到安全，而不会感受到面对具有侵略性的男人时的恐惧，比如对伤害过她的父亲的恐惧。

· 那个成功的男人令她心旌荡漾。他的权力、成就、经济实力对她充满了吸引力，他看上去很强大。其实，他没有能力与任何人有内心的联结，这种无能驱动他取得了事业的成功。通常他能先借助自己的成功魅力约到女人，但最初的吸引力消失后，像所有无法与别人建立心与心联结的男人一样，他令女人感到孤独。而她在自己孤独的世界里感到乏力无助，抓住他能让她有安全感和被爱的感觉。

· 她那梦幻般的美貌令他疯狂，但当他把她追到手后，他感到空虚，她在外表形象上花无数精力、财力，对此他无法理解。他看女人时只盯着罗曼蒂克化了的外表形象，是因为他害怕有着真情实感的真实女人。

我可以举出很多一见钟情之后交往的例子，他们的结局大多不好。那些有好结果的完全是基于别的原因，不是因为虚幻的一见钟情，是因为他们越过"一见钟情"的感觉，逐步去了解和爱上那个真实的人。爱的建造是通过心与心的相连、共同的价值观、相互承诺、冲突和伤害的解决、温柔相待、牺牲、饶恕、付出、展现人品、生命相容和彼此分享，所有这些有一个共性：都需要时间。爱需要假以时日，不花时间的"一见钟情"也许令人兴奋，甚至使人沉醉，但那不是爱。

你可以享受那短暂的热血沸腾，但要头脑清醒，知道那和爱情不相关。如果你确实和那人约会，要迅速度过这个迷恋阶段，进入真实的互相了解过程。或更进一步，听进去这个信息：真实的人存在于真实的生活中，多多走出家门和真人约会，而不是沉迷于头脑中的臆想。多多约会，这样你会了解其中一些人，会找到真正的宝贝，而非虚幻的水中月、镜中花——一抓到手则即刻消失的东西。

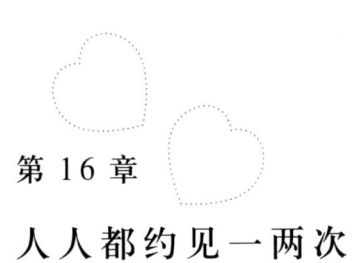

第 16 章

人人都约见一两次

"你们俩怎么走到一起的呢?"我问玛蒂。她和她丈夫托尼看上去是蛮神奇的一对。

"纯粹是个奇迹,"她说道,"按常理来说,我们俩是不会在一起的。"

"为什么呢?"

"我们相遇时,各自所处的人生阶段大不相同,我比他年轻十岁,那是十二年以前,我 24 岁,当时觉得我俩年龄差距太大了,我刚大学毕业没几年;他是个经过历练的商务人士,我不会考虑和他深入交往的。

"此外，对我来说，他太'虔诚'了，托尼对我来说，太像那些让我避之不及的人。"

"这么听起来，确实需要奇迹把你们拉到一起啊。那你俩如何从这个起点，描绘出今天的十年婚龄和三个孩子的幸福画面?"我问道。

"我们是在一个派对上认识的，聊了两个小时。我觉得他十分风趣幽默，但是他太老了，所以我没再想起他，毕竟只是在派对上聊聊天而已，虽然持续了两个小时!

"之后，他突然给我打了个电话。我记得他是谁，但心想，他太老了，差异太大，我们没有任何共同点。然而我有一个座右铭，是'不挑不拣，人人都至少约会一次'，不记得从哪儿学来的，也许因为我喜欢男生，也有很多男性朋友吧。我谨守这个座右铭，任何人都可以见一面了解下，当然我会先了解他们的基本情况，哪里来的，有什么样的朋友，确保不是去见'大学航空炸弹怪客'那样的危险分子。总之，除了危险型的，其他类型的人我都愿意先见一面的。

"于是乎，我同意了，我们见了面，非常糟糕。我想那天是我对他没敞开自己，我的头脑处于封闭状态，我俩完全没有内心的联结交流。我想就这样了，美餐一顿，接着约下一个人吧。

"一周以后他又来电话邀约我见面，为了摆脱他，我说我很忙，但是他说可以改天，我说改天我还忙，他接着说：'明天怎么样？'正正好好在那个瞬间，我家门铃响了，是个更是我的类型的男生约我出去，我必须马上应门又没别的办法摆脱托尼，我就匆匆说了好的，挂了电话。

"第二天晚上，我们见面了，我其实不想去，但是他带我去了我最喜欢的餐馆。我猜，因为这个，我那天对他没那么苛刻，"她边笑边说，"但是不知什么原因，这次我不再封闭自己，我们真正交流起来。我该怎么讲呢？那晚我俩能完全联结，沟通畅快。我非常喜欢他，他的思维方式以及他和我谈话的内容。这和我以前所有的约会经历都不同，这次以后，我四处约会的日子就画上了句号，虽然我们过了几年才结婚，但是那个时刻，我就知道他是我的那一位。"

两个制胜攻略

当你约会时，要记得这两个好攻略："不挑不拣，人人都约会一次"以及"再和那个废材约会一次"。

"人人都约见一两次"和之前讲的"类型"紧密相关。认定某种类型适合你，这个思维定式要抛开，然后你才能敞开自己，驱散迷雾，消除遮蔽，看到真实的人，让你可以亲身经历和了解对方。这样做的结果是，你能学会了解自己以及婚恋关系的本质。关键是要解放思想，敞开心扉。这章的攻略就是要把这样的思想方式落实到行动上。

在思想上接受不同类型，和接受你喜欢的类型以外的其他类型，是一回事。但是，如果你做到了这一点，你还可能有其他料想不到的要求，比如，"她不仅不是我的类型，而且我认为我也不可能喜欢上她。"此话也许对，但你不确定，而且你也不知道见面后你会了解到些什么；然而可以肯定的是，你如果不去见面了解她，你永远不会知道。所以，如果这个人不是危险分子，你对他有一定了解，知道他是安全的，那为什么拒绝和他约会呢？为什么不约会，哪怕一次？只有你见过、了解过，才知道你会不会喜欢对方。

如果见过一次，不那么理想，为什么不再见一次？

假如见了一次，兴趣不大，为什么还要再见一次？我支持再见一次的理由如下：我们在不同情况、不同条件下会有不同的侧面表露出来。也许你能遇到的最好的女人，给人第一印象不那么深刻；也许第一次约会时她心里焦虑；也许她那天和老板相处不愉快而不能专注于晚上的约会；也许她对你有所保留，比平常冷漠些，好像玛蒂第一次约会那样；也许她上次恋爱受了伤，好似惊弓之鸟。这些你都不知道。

你不能只见过一次面，就假设自己对一个人有了全面认识。所以，如果你愿意再约会一次，也许你会发现一个不同的人，好像和第一次约会时所见的不是一个人。除此之外，与人见面，你还会有所学习、有所经历，对吧？

第 17 章

落 下 手 帕

史黛茜和好友格蕾琴一起参加了一个单身男士众多的派对，史黛茜已婚，格蕾琴未婚。一路开车过去，格蕾琴不停讲述她失望的约会史，各种抱怨，从"外边没什么好男人"到"男人只对'模特儿'感兴趣"。等她们到了派对场地，史黛茜为她朋友感到难过。

在派对会场上，她俩一起和新朋旧友寒暄聊天，众人其乐融融。史黛茜注意到单身男士们都在四处走动和不同女人讲话，包括她自己，她对这些男生印象不错，心想："都是帅哥啊。"后来她对我讲:"好希望时光可以倒流,重返约会时代啊。开玩笑啦,但是我确实怀念那些日子,忙着结交男人,享受开心愉快的岁月。"

"但是那晚我心里有些为难,我知道格蕾琴哪里出了问题,但我不知怎么和她开口讲。身边不是没有帅哥或是好小伙子,那天晚上我就遇到好几个,然而,我观察到她虽然没有表现得待人失礼、粗鲁,但她流露出来的信息是封闭自己、不欢迎他人,每当男人看她时,她总是转头看向别处。如果我是男人,我会认为她对我没有兴趣。我怎么和她说啊?我想告诉她,'如果你真心想找人约会,请你写在脸上!'现在的她满脸写着不想结识任何人。"

"我应该怎么告诉她放轻松,学习下'调情'?她还问我:'难道女人不是天生就会和男人调情?难道上帝不是这么设计女人的?'我怎样能让她敞开自己一些呢?"

你什么看法呢?女人生来会调情?具体是怎么回事?那男人调情吗?男人怎么表达他有兴趣约会某个女人?这世界充斥着男人和女人该怎么结识的理论、规则、禁忌,不一而足,但其实没那么复杂。

通常人们是这么走到一起的。男人注意到女人,女人也注意到他,或者注意到他注意到自己了,在那一刻,一些事情即将发生,后来电话响起,你接起来讲话,或者你放一段留言说"你拨的号码已经取消",或者让对方听到电话忙音。如果是在派对或其他有单身出席的聚会上,在人群中,你希望有人注意到你来和你讲话,你必须呈现出一个开放的态度,而不是封闭自己,摆出切勿搭讪的态度。那么你该怎么做到呢?

最简单的方法是,你看着那人的眼睛,如果你愿意,再微笑一下,不用说话,这样看着他们,他们会明白。那些没有敞开心扉想结识新朋友的人,通常会避免与别人目光接触,心态开放的人常和别人进行眼神交流。这不是什么尖端科学,去学前班观察下孩子们怎么玩耍,一个孩子会走到另一个孩子面前说,"想一起玩儿吗?"你可以跟他们学学。

当目光接触发生了,我相信接下来是合乎自然法则的事,一个人注意到另外一个人,这个人作出回应。如果有人注意到另一个人态度友好且开放,他或她则会走上去道句"嗨"或介绍下自己,此刻他们开始聊天,像社会生物那样互动,书写接下来的故事。但是如果他不看她,她也不做目光接触,或者流露出她是个自我封闭的人,那一般这些事都不会发生了。如果感觉面对的是一扇紧闭的门,很多男人不会往前再迈一步(其实他们应该再进一步,参见第 21 章《拿出男子汉气概》)。另外,有时女人想办法接近男人搭话也很好,男人喜欢友好的女人在社交场合来接近自己,这让他们省去很多的猜度，减轻他们的压力。所以，女士们，友好些！

你可以做如下的事情：自我介绍、主动去打招呼、询问他是新来的吗，让他觉得受欢迎。如果不是新来的，那了解下他来这边多久了，还可以问个问题，比如，"那么，你是怎么到这里来的？"

这些并不复杂、不高难，但是很多女人就是停滞在这里，不与人互动，我在第 23 章分享了发生在一个告别单身的女子派对上的故事，清楚地表明不敞开心扉的女人会错失良机。参加那个派对的一个女生，也是使用本教程的学员并且已经结婚了，她在回顾时说："我是派对上唯一与人眼神交流的人，因为我已经习惯如此，但是因为我已婚，不得不低头往地上看。"她描述了有两个男人两次来到她们女生那桌，想结识她们，但是令她觉得可悲的是，所有的女生都完全不敞开心扉，仿佛对男人的举动毫无知觉，白白让机会从眼前溜走。

所以省察下自己，问问认识你的人："如果你在派对上或聚会中看到我，你会来接近我吗？"请他们在参加活动时观察你，收集些反馈，你也许会惊讶，仅仅在内心中希望别人与你互动，不意味着你发出的是这样的信号。了解下你是否看上去是封闭的，处在"关机状态"，或者像是在说"不要'靠近我'！"

参加活动时，考虑离开你的舒适圈，找陌生人寒暄几句，打个招呼，问几个问题，走近某个人，作下自我介绍，不一定要搞得像调情似的。这只是通常人们互相结识的做法。如果你问已婚夫妻他们怎么认识的，你会发现他们很多是出现在同一个场所，他们素不相识，其中一个给另一方作了自我介绍。你总是要结识新人，如果当场没人可以为你们作介绍，那就要看你的了。还有，结识新朋友是件有意思的事，行动起来啊，要记得目光交流！

我知道我们身在 21 世纪，但是尝试"不巧"落下了手绢怎么样？尝试现代版的落手绢，也许你喜欢的某个人会拾到还给你（男生们丢手机吧），这就像灰姑娘的水晶鞋之类的典故，因其有道理，所以流传下来。最后要记得，微笑！

第 18 章

三阶段策略，扎实推进

汤姆刚刚和一个姑娘分手，这是他"第 100 万次"的失败的约会，他擅长找到姑娘约会，但他的约会关系都不长久。他约会过很多人，每个阶段都只约会一个。只要找到一个他感觉喜欢的人，他就马上停止和别的女人来往，他总是太快就锁定一个女人。

找到一个喜欢的人就停止约会其他人，这事本身没错，通常应该是在你找到了可以谈婚论嫁的对象之后。但是太多**人还没有足够多的约会经历，就定下来和某个人确立认真的**

恋爱关系。这样的人在结束一段排他性的约会关系后，不去扩大交友范围和大量约会异性，却直接又进入下一段排他性的恋爱关系。大量约会可以帮助人们了解自己的需要，帮助他们评估已找到的对象。当然，你不能在对一个人认真的同时还继续约会其他人，但你可以广撒网，同时和多个人进行普通交往，这之后，你再和其中一个实在喜欢的进入认真的恋爱关系。我反对的是，那些人刚结束一段排他性的关系，不是多多约会，而是直接进入一对一的正式恋爱关系。

当某个人在你眼中从众人中"脱颖而出"时，那你才考虑进一步发展你们的关系，"这个人与众不同"，你会听过那些婚恋有成的人这么说。在那个时刻，其他人仿佛都褪色融入背景之中。但如果他或她是唯一入局的，那太容易"脱颖而出"了！

于是，我对汤姆说，我希望他按规则约会。他来找我时，我要求他承诺我，不要早早锁定一个姑娘，进入一对一的关系，而是在同一个时期至少约会 5 个女生。我这里说的约会，不是指严肃认真的那种；我要求他不要和同一个女人约会一万次，暗示着他对人家感兴趣但事实并非如此，或暗示他生活中没有别的女人。我主张的不是脚踏两只船伤害女人的做法，我希望汤姆能走出去，自由、友好地约会很多女人，对他的约会对象坦诚相待，告诉她们，在他人生的这个关头，他不追求认真正式的恋爱关系，他想开心愉快地约会，如果对方也觉得这样不错，那就都好；如果她们想要建立更深的关系，那就告诉她们，他不是合适的人选。总之，不要从朋友阶段，直接进入一对一排他性的关系，应该有个中间过渡阶段。

可惜的是，汤姆并没有听从我的建议，他开始约会不久就迅速地"绑定"另一个女人，重蹈覆辙。我希望，等他第200万次约会失败时，他能觉悟。接下来，我讲述的是我要求汤姆大量约会的原因。

汤姆需要遵循约会策略的全程，从开头到中间、到结尾

健康的约会的过程有三个阶段，从开头到中间、到结尾，每个阶段有各自的策略。汤姆只有一个策略：找到一个感兴趣的人、追求、进一步发展、一对一恋爱，然后结婚。这也算是个策略，走向失败的策略。

约会有不同阶段，每个阶段的策略不同。比如，第一个阶段，不要在第一次见面时目光就盯着婚礼。基于个人的故事和经验，你自己的约会阶段和策略可能和别人不一样，但是，对每个人来说，**从随意的约会，发展到确定关系都需要个过程**。对于不同阶段的不同任务，我会在下面进行解释。

第一阶段：乐趣

第一阶段，你对任何一个人都没有特别的兴趣或依恋。像我们之前讲过的，对人没有期待，也没有愿望清单。你心态开放，积极约会，与人交往快乐有趣，你在约会中观察、增加对人的理解，你在体验与其他人交往。

在这个阶段，你的策略很简单，就是寻求乐趣和经验。你要经历三件主要的事。

1. 那人

你在约会，记得吗？其中一部分是要去了解别人，所以，请观察你的约会对象。下面这些问题你可以在约会之前或之后想一想。

- 这个人有哪些品质吸引你？
- 这个人有哪些品质在你眼里毫无魅力？
- 你在这个人身上看到什么品格特征，是你考虑与之认真交往的对象身上要有的？
- 你在这个人身上看到什么品格特征，是你绝对不想在你考虑与之认真交往的对象身上看到的？
- 那些特质和品格如何影响到你？产生何种正面的和负

面的影响？

- 你注意到关于这个人或自己有任何事令你惊讶吗？如果有，是什么事？
- 你如何被挑战去突破自己？什么事你以前总是从负面着眼，但现在近距离审视后，观点有改变？
- 你对这个人的活动、兴趣和生活热忱有什么了解？
- 这个人令你联想到你人生中某个重要人物吗？这是积极的还是消极的联想？

换句话说，第一阶段应该是富有趣味、挑战和充满洞见性的。你看到这个单子里有没有包含这个问题："我如何让这个人喜欢我、想和我结婚？"只是轻轻提醒一下。

2.你自己

下面的问题帮助你监察约会中的自己：

- 你对这个人的反应是什么？你觉得这人吸引你吗？为什么？是病态还是健康的吸引？
- 你有在脑海里罗曼蒂克式地理想化这个人吗？（如有没有想过准备变卖一切和这个人一起远走高飞的想象。请参阅第 12 章《授权赋能团队》）分析一下自己为什么这么快就神魂颠倒了？

· 你有没有过分看重外表？装扮风格？或其他特征？

· 你注意到自己不被这个人吸引了吗？为什么？这是好事还是坏事？

· 你觉得这个人沉稳而"乏味"，你因此失去兴趣了吗？和你上一次谈恋爱的情况比较一下，那个人生活杂乱无章、做事常常冒险，那时你渴望找一个生活稳定的人。比较之后，你再考虑下目前这个人，你有什么新的看法？找这样的人好还是不好？

· 这人身上有什么东西给你的感觉或想法和你预想的不同？为什么会这样？

· 当你和这个人在一起时，你能感受到自己的哪一部分？这是对自己新的感知吗？这给你什么信息？你以前有类似感觉吗？有什么规律吗？

· 和这个人在一起时，你有恐惧和不安全的感觉吗？你有什么奇怪的举止吗？你是否表现得不像正常的自己？在哪些方面？

· 如果约会对象让你联想到你人生中某个重要的人，好还是不好？你曾经被那个重要的人伤害过吗，现在是否已经疗愈？

· 这个人身上的某些特别之处令你敞开自己或封闭自己

吗？（例如，有个男人说，当和他约会的女生做主决定他们去哪里吃饭时，他感觉自己好像满血复活了，他开始喜欢上她。但这对他来说是坏事。他在强势的女人面前一贯表现得很被动，最终他会感觉被女人掌控，好像他母亲那样）留意你的反应，从中了解自己。

换言之，这个时期是要关注你的感觉、想法和恐惧，关闭自动驾驶模式，逐步开启你的自我意识（参见第 29 章《关闭自动驾驶，启用手动驾驶》。和这个人相处的经历告诉你关于你自己的什么信息？你是你唯一可以改变的对象。

3. 经历本身

不管约会时做什么，统统吸收进来！博物馆、美食、电影、教堂、静修、运动、图书馆、派对，对你都有意义。

- 有没有某些活动能唤醒你沉睡的那部分自己？人们经常通过约会发现他们新的爱好。
- 你们一起做的什么事让你感觉强大、紧张、恶心、恐惧？这透露出关于你的什么信息？这项活动在你过往的经历中对你有什么意义？（例如：浪漫、亲密、性欲、争吵、分歧、趣事，等等）

- 某个经历中哪些部分你感觉熟悉或者陌生吗？这是个需要你自我突破的活动吗？还是你宁愿忘记不再重温的往事？
- 如果这个经历对你和对方都很重要，你俩合拍吗？假如不合拍，如果和这个人恋爱，其结果是你要经常和这个人做这件事，或不能经常做这件事，如果这样，你对此有什么感觉？

运用这段时光让自己得以成长，让这些成长的经历拓展你，教导你认识生活，把你变成更好的人，在情感、身体、智力和灵性各个方面皆有提高。

第二阶段：兴趣

如果你持续和某个人见面相处，说明这个人已经燃起你的兴趣，这可能意味着你有兴趣进入长期关系；也许不是。或许你还没考虑长期关系，但希望和此人持续约会。你们之间的友谊和自由约会关系对双方都有帮助，虽然你们还没做发展长期关系的打算。这样的关系有趣，通常很具疗愈作用，也有利于灵智的增长，还有很多其他的作用，人们互相之间也有所学习。

但是，有时那个人的某些东西会点燃你的兴趣，你可能不仅仅是想和此人作为朋友，一起体验生活中的开心快乐，你看到了真心吸引你的东西，有发展为长期关系的潜力。

但是即使如此，你要记得，你还是在了解他们的阶段。所以，也要持续和其他人约会，不要排除他人。你记得吧？你没有理由这么做。只是因为你被某个人吸引，不意味着你要跨越界限，像汤姆那样偃旗息鼓。你要接着四处看看，经历其他的人和事。这样做可以防止你被冲昏头脑、痴迷于二人"合体"（把你俩胶合在一起的欲望）。你还可以继续了解其他人，意识到这一位并不是大海里仅有的"一条鱼"。

这时你还要关注自己内心的一些状况，如果你持续和某个人约会，和这个人相处时显露出来的各种事情都可能增多，包括人格成长的可能性、依赖、恐惧、不正常、性觉醒和生命成熟成长，等等。这些暴露出来的内在问题很重要，你要在团队帮助下面对并积极处理，听听团队对你的约会对象和对你的反馈。

你看到你生活的模式是什么样吗？老旧模式吗？不正常的模式吗？你在沿袭之前的自动驾驶模式，走在你可以预想到终点的老路上吗？在你还没有回到原地之前，现在是你应该改变行动的时候了。应该尝试一下以前没有做过的教练建议的新模式。你要继续学习、成长，不要这就以心相许、献上身家，你不能为了保护你的心和灵魂而签订婚前协议。如果你处在了解对方的阶段，要守护好你的心；留意对方是什么样的人，看他或她的行为和人品。仔细观察和了解！

这不是"上缴"你的独立性和放弃个人界限的时候，继续自由约会，不要搞得你们好似"一对儿"了，要记得，画面里还有其他人存在，在这个阶段，不要和某个人出双入对。如果对方喜欢你，看到你除了他或她还有自己的生活，那人会因此增加对你的尊重和兴趣。

不要把你们的二人生活做那些"有象征意义"的不分彼此地融合，能保持自己的界限与个体的分离是个吸引人的品质。如果在这个时点，你放弃所有的界限，那你表达的是过多的兴趣、没有边界、依附以及这个阶段不该有的"饥渴"。避免随叫随到、心血来潮的见面，说见就见的约会，这会被解读为你的生活除了这个人，一无所有。

如果你感觉自己兴趣大增，问问自己什么原因。这样被吸引是健康的吗？你的动因包括在不健康动因的清单里吗？清单见第 25 章《不做分裂的人》。如果属于不健康的动因，那请把它当作一个提醒和征兆，你需要花时间认真理顺你的思想。

尽你所能地分析、判断，如果你认为你对某个人兴趣增长的理由充分，那你将要进入第三阶段了。

第三阶段：斟酌

这个阶段你知道自己对这个人有了更多兴趣，对方不再仅仅是个能和你愉快玩耍的某个人。你想更多了解他或她，你认为你们的关系能开花结果，你更加敞开自己，在这人面前更加不设防，看上去你们之间有些非同寻常的东西。那么，现在怎么办？

首先，面对这个人，如果你的心仿佛苏醒过来，那给自己和团队出道难题问一问，你为什么这么喜欢这个人？有正当的理由吗？如果你动心了，你最好深挖下原因。如果你被吸引是因为这个人的魅力、外表、异性吸引力或"来电"、才能、智力、地位、成就、肤浅的表演，很好，这些都很有趣，但是——这些和婚恋关系的成功无关。

上述这些特征，很多罪犯也都有，如果你认为自己可以爱上这样的人，和这样的人认真交往，那一定要审视下他们的人品。我希望你在约会的过程中，一直都在留意对方的品格，如果你已经动心，那更要刻意戴上眼镜，仔细看清楚。我们将在第 31 章《美貌停留外表，品格深入骨髓》具体讨论品格问题，现在我要讲的是，这个阶段你要审视、了解对方，那个吸引你的外在的下面的真实的人。

现在要深入地了解对方的道德、生命成熟度（不是只在嘴上说说而已）、人际关系的能力、情绪和心理成熟度、工作和职业生涯经历、个人生活习惯、爱好和志向等，如果你认真探究，你感受到的会远比"好看的外表"多得多。人品不只重要，人品是最重要的。

至此，你已经和这个人相处时间足够久了，你应该能看出这人的价值观是否落实在行动上，是否言行一致。在恋爱中，能更加了解到对方到底是个怎样的人。这样审视对方的人品和两人的关系实际状况，能帮助决定要不要进入下一个阶段，双方对彼此更认真的阶段，有的情侣会互相承诺一生、走向婚姻。

并非要么献上一切要么毫无付出

这其实是人人都知道的常识。但是令人惊讶的是，有多少人约会和婚恋时，把常识置之脑后。你不会从大街上拉个人到你家，把你家钥匙给他（她），开放分享你所拥有的一切；但是说到人的心，每天都有人那么做，不去了解那人的背景，或是知之甚少，他们就奉上他们的心、灵魂以及他们的生命。说是因为"爱"要遵循不同的规则，"只要感觉好，那就对了。"这错得离谱。有些事物可能让人感觉很好，但其实糟糕得让你瞠目结舌。

对此，最好的防御方式是：你自己的品格、成熟的生命、人际关系方面的成熟、时间、智慧、值得你信赖能给出建议的参谋们、你对信仰的忠诚，还有你要把约会划分为三阶段进行。不要不经过一个循序渐进的过程，在面对某个人并且在关系尚未建立时就直接把你的一切给他（她）。正常的"尽职审核"要比你的荷尔蒙和不切实际的幻想来得慢些，但不能省略。

一步一个脚印，不要着急进入下一个阶段，如果你们之间的往来是良好的、确实存在的、真诚的，那它会成功地走完各个阶段；经历每个成长阶段，这是唯一能结出好果子的方法。你无法在一分钟之内培育出一棵大树，但是，如果你用正确的方式培育，花足工夫，那你会了解与你相处的那人的真实人品。

给对方时间，也给每个阶段足够的时间，你就会得到回报。不仅避免了糟糕的后果，还会收获美好的恋爱关系。

第 19 章

本 色 出 场 ， 做 你 自 己

　　"女士们，你们第一次约见某个人时，会以什么形象示人？有多少女人会是与他交往六个月后赴约时的样子？还是像你在家没人来访时——不化妆、汗流浃背、披头散发？"我这样问听众们，"和女人第一次约会，有多少男人是不冲澡、穿着破旧的 T 恤去赴约的？"

　　"没门儿！"大家异口同声回答我，伴着紧张的笑声和叽叽喳喳的议论，女人们不可能不以她们的最佳形象出场。在约会初期，女人妆容精致、美服在身、秀发芬芳；男人则会

认认真真洗个澡，换上干干净净的衬衫。每个人都想给人留下个美好的第一印象。

第一印象或初期印象，很重要，给你赢得机会去留下第二印象和第三印象。如果第一次约会留下的印象太糟糕，可能就没有第二次见面的机会，所以努力给人留下好的第一印象没错，这是游戏的一部分。但是，**给人良好的印象和给人虚假的印象是两码事儿。**

你当然不想展现最差的一面把人吓跑，但是，"本色出场，做你自己"这个规则意味着，在你努力给人好印象时，不要只是为了讨他或她的喜欢而变得不像自己。如果这么做，你会碰到几个问题。

1. 一个只是迎合他人的观点和意愿的人，缺乏魅力和活力

如果你和某个人相处，你从不拒绝他，凡是他做的事你都表现得好像很喜欢的样子，或是处处模仿他的为人处事；如果你想通过这些，试图令他喜欢你，那你就把相爱这事忘了吧。如果他被你的"无我"方式吸引，那他很可能是个极其以自我为中心的人，只喜欢镜子般反映他所有想法和喜好的人。随着时间的流逝，他会厌倦这种"适应"能力强的人，一个人越是像一面镜子，越是容易被抛弃。

健康的吸引力是对真人的渴望，真人与他人有分别，拥有自己的情感、观点和品位。这种"你非我"的感觉助长吸引，距离创造渴慕。想让一个人厌倦你的最简单的方式是，一切按他的意思来，他想要什么你就是什么。健康的浪漫和人的个体性是交织在一起的，这就是为什么"追求"阶段有时像"充足了电"，双方是分离的个体，无法拥有对方的感觉在此时就最强烈。

在好的男女关系中，那种"通上电"的个体的分别感在被"捕捉"到了之后依然存在。为持续培养这种状态，在整个恋爱过程中，你必须确保自己的个体性。即使你和对方相像，但你真实，你的真实是有能量的。所以，不论相像或相异，都要做真实的自己。

2. 如果虚假的自己被接纳，那更糟糕

你没做自己时，约会对象还是接纳了这样的你，那情形更糟糕，她如果不是想找面镜子反映出她自己，那可能就是掌控型的，只想她说了算，这样就能避免面对一个真实的人，事事都能按照她的意愿来。这不是爱情，你没有被真正地了解；继续走下去的话，你体验不到爱情中的亲密感。

如果你不做自己，最终觉得疲惫不堪，开始展露真我，在你所看重的事上表达自己，那对方会大喊"犯规"，像是在

体育比赛中，看到对手举动不诚实时那样喊叫。你俩之间接下来会爆发激烈的矛盾。可悲的是，这类的"原形毕露"有时发生在结婚以后，经常会导致婚姻破裂。如果你从第一天开始就以真我出场，这样的事则永远不会发生。

3. 如果你不真实，你吸引到真实的人的可能性则不大

我们会在本书后面的章节，细看在约会中缺乏真我或人格双重性的问题，这个问题会带来不健康的男女吸引，同时吸引到错误的类型。我把它列在这里，因为以真我进入约会，可以防止日后两人之间的连接表里不一。真实吸引真实，健全吸引健全，伪装吸引伪装，双重性吸引双重性。

4. 如果你不做自己，那你不可能向对方展现吸引人之处

"与人有分别"能创造出浪漫能量，助长健康的两性吸引，当以与人有别的、独立的个体展现自己时，还能让真我在约会中进一步展现出来。如果你隐藏自己，别人就看到不曾展现过的那部分你。也许你没意识到自己的某个小局部有吸引力，但是在别人眼里可能是魅力无穷。

"他喜欢小众电影，我太爱他这一点啦，"一个朋友这么说，"我觉得他与众不同，独特不凡。"他的一个爱好都如此

吸引她，你认为他事先知道吗？他没料到。但是，如果他没有展现真我，而是事事顺从她，她也看不到他的这个侧面。

努力去喜欢对方所喜欢的，或是去做对方希望你做的那样的人，你会把身上很多可能非常吸引人的地方隐藏起来。

约会是要去发现你是谁和对方是谁，如果你以一身参加化装舞会的装束出现，那约会下来，这两个目的都无从谈起。做自己，至关重要，这一点我怎么强调都不过分。这会直接决定你吸引到谁，你被谁吸引，你们之间下文如何以及你们的关系能否长久。对恋爱这事来说，一定要"做你自己"，成败在此。

如果你喜欢运动，那明说并拿出行动；如果你不喜欢，那实话实说，对方可能会带你入门，一起运动可以成为你俩关系进阶的一步。

如果你不喜欢某些饮食，那告诉对方。说出来。要是你遂她的心愿，去她喜欢的餐馆，但你不喜欢那家的饭菜，那你可以把这当作一个礼物和一次自我牺牲的机会送给她，她会感激你做事灵活，有弹性，"我通常不喜欢吃这些，但我可以尝试一下。""他真是好人。"她心里会想。尝过之后，也许你发现你喜欢这种食物，不论怎样，你都是赢家。你为她吃印度餐，她感觉你在为她付出，同时你并没有因此舍弃自我，你还是你。

如果你不想看某类电影，那讲出来。或者你也可以这么说："如果你很想去看这个电影，我可以试试看，但我通常不喜欢这类影片。我们做个交易吧，如果你陪我看那部外国电影，我就去看这部惊悚片！"你虽然对他作出让步，但你没有改变自己。

遇到这些情况，你也可以默默地放下自己，这是人际关系中很好、很重要的一个品质，但是你必须在其他领域展现真我，这样舍己才有用。如果一个人时时处处完全去适应别人，那他的舍己就很肤浅。那你该有多讨人嫌！有时低调地顺从他人、让别人如愿以偿也是应该的，舍己不必大张旗鼓。重要的是，总体上，你要做自己。

这个差异清单我可以列得很长。我辅导了一对刚好在很多事上品位迥异的恋人，可以作为案例。约会伊始，他俩坦诚相待，毫不隐瞒，两人的巨大差异令他们互相吸引，十分来电。他们各自在交往中都学习到很多东西，都有所成长。现在两个人结婚了，享受各自的差异。如果他们没有把不同之处开诚布公地讲清楚，他俩的故事可能完全不同。

也许，"不做自己"是你至今恋爱不成功的原因。你可能会喜欢电影《逃跑新娘》中的茱莉亚·罗伯茨。茱莉亚·罗伯茨扮演的角色叫玛姬·卡本特，她几次在婚礼的最后时刻，抛下新郎逃跑。她屡次结婚不成，这大概要归咎于她不能做自己。其中有个场景，她历任未婚夫都被问到玛姬喜欢怎么吃鸡蛋，每个人都回答她喜欢和他一样的吃法；问题是这几个男人喜欢的吃法有煮有煎，各不相同。与男人交往时，她猜想他们喜欢什么样的女人，她就把自己变成那个样子，其实她找不到真爱一点不奇怪。另外一个场景，理查·基尔饰演《纽约时报》的专栏记者艾克·葛拉罕，质问她为何盲从她每个男朋友。

她称与对方保持一致，是"支持"对方。

"支持？"他回答道，"你那不是支持男友，你是出于恐惧，就像此刻。你是我见过最迷失自己的女人！"

"迷失！"

"对！你迷失得不知道自己喜欢怎么吃鸡蛋！"

她听懂了。从吃鸡蛋这样的小事做起，她开始表达真实的自己。结果呢？那个好男人爱上了她；她终于第一次爱上了一个人。

请记得，约会甚至相爱都是要真正地了解另一个人——那个真实的人。如果你想约会，那就去，以真我出现。

- 如果你想找寻真实的人，要记得：做个真实的人。有几点小提示：在留意约会对象的想法和观点时，也要努力关注自己，不要因为与对方不同，就忽视自己的思想和感受。

· 观察你如何隐藏真实的自己。什么时候这样做？你害
怕的是什么？

· 约会之后，向你的团队讲述你的表现，请他们和你一
起探究，你为什么有那样的行为？

· 回顾你过去的约会经历，注意你有没有不做真实的自
己的倾向以及由此引发的问题。写下来你这样做的例
子和后果，然后找个朋友讨论清楚。

· 请同样的朋友帮助你，在你目前的约会中，不要重蹈
覆辙，请他（她）监督你。

· 你在具体哪些领域有不做自己的倾向（比如，个人观
点、品位、想法、憎恶、界限、性、爱好，等等）？
你在哪些领域感受到压力，会屈从或放弃自我？找到
那些领域，请团队帮助你改变。

· 对于外表，你是"你自己"吗？你隐藏你的身体吗？
你觉得有压力迫使你隐藏你真实的外表吗？或是你要
在外表上像别人吗？

如果你出去约会，请记住，要确保"你"出场！如果你
这样做，应该能找到你所寻觅的佳偶。

第 20 章

不要手段

"我今晚又要去见瑞安。"丽莎告诉朋友萨曼莎。"什么？不要去。你不知道吗？如果你这么快就和他再约会，你传递的信息是你容易到手，他不会珍惜你，因为他没体验到追逐的快感。你没读过《约会宝典》那本书吗？"萨曼莎惊呼道。

"噢，真是这样？天哪，我可不想给他发出错误的信息，我该怎么办呢？我给他打个电话吧？告诉他我工作上有个重要的提案要交，我不能出去？这样可以吗？"

"不，我觉得不可以，"萨曼莎指导她说，"你这么做没有用，因为他会解读为，如果你手头没有工作要做，你会出来见面的。事已如此，需要另想对策。你还是去吧，但要保持矜持，不要像在我面前表现得这么急切，如此他会觉得你不是那么有兴趣，会更加努力追你。"

"如果他想牵我的手，或告别时亲吻我，或别的啥举动，我怎么办？接受吗？"

"不，不要，不要让他有机会在你家门口吻别，早点结束约会，告诉他你有点累，明天还有早会，然后转身向你家门走去。你可以握手道别或是做其他动作，总之要让他猜测。"

"但是他昨晚表现得非常友好，很真诚，也许他想更深入地聊聊，或是有别的什么事？我不想让他感到被拒绝。"

"不要给他太多时间，约会该结束就结束，你不能和他势均力敌，你要占上风，他会觉得你愈发吸引人。"

"可我不想占上风，我想了解他，他想了解我，一起喝杯茶能错到哪里呢？"

"好吧。只是今晚过后，他要是不再给你打电话，你别来找我哭诉。"

丽莎开始担心，也不再像刚才那么期盼见面，她甚至不知穿什么衣服好，这约会太复杂了，给她的感觉像是场战争。

与此同时，瑞安在和他的朋友讲话。

"你今晚有什么安排啊？"贾斯汀问道。

"我和那个新认识的女生有个约会，那个我和你讲过的女生。"

"噢，是吧？你昨天不是才和她见过面？"

"对，昨天很好，她比我认识的好多女生正常多了，根本不玩游戏。她就是很真实。我们昨天相处愉快，我手头有今晚的门票，我对自己说，'有什么大不了的？'于是我和她联系约她见面，刚好她有空，我们今晚见。我真心喜欢她的率性而为和愿意当机立断作决定，率性而为对我很重要，说明一个人够自信，不玩那些约会游戏，什么矜持难追到手之类。看起来她对昨天的约会满意，所以答应和我再次见面。她这样我喜欢，我感觉她挺有安全感。"

"酷，好希望我能找到那样的女生……"贾斯汀说道。

于是，瑞安开始期待和前一晚上约会过的女生再次见面，在他印象中，她是个开朗、坦诚、真实、与他有心灵连接的女生，但他将要面对的则是全线防御，好像国际象棋中身披盔甲的士兵。这状况对他俩的关系有帮助吗？丽莎会紧张地几乎崩溃，思忖着，如果做了错误的决定点错了沙拉，会不会就终结了他俩的交往。

"这些愚蠢的游戏把我撕成碎片"，不仅仅是流行歌曲中的一句歌词，很多人感到疑惑，是否需要在约会中"玩游戏"、耍手段？约会时什么该做，什么不该做？哪些做法有帮助？

哪些没有？

要手段背后的问题

如果你询问不同的人，你会听到各种各样的约会策略，其中很多建议互相矛盾。有的建议多奉承她；有的说少赞美，免得她骄傲自大。有的说要多给他时间，不然人家找有空约会的人了；有的说他只珍惜努力追到手的。诸如此类，不胜枚举。哪个对啊？

实际上，这些"手段"是为了解决某些重要问题而设计的，但是有更好的方法解决这些问题，而不必逼疯自己去破解约会游戏中的一举一动。如果你理解这些策略背后的原因，并且按常理自然地处理这些问题，那你不必担心。对单纯的人来说，一切都是单纯的。都有什么问题？让我们来看看。

随时有空，还是矜持难追

人们说我们珍惜那些不容易获得的东西，这有一定道理，但同时，这东西必须是你能得到的。好的餐馆通常要预定，你不能直接去，为什么？因为店主不允许？不，不是因为这个，而是因为他们有很多客人想来用餐，所以，你必须提前打电话预定。如果你致电后得知六个月内等不到位子，那你就没了兴趣——去那里用餐太麻烦。

我们珍惜不那么容易获得的东西，不是因为我们要为之努力，而是这些东西确实有价值，为某样东西努力本身并不带来价值。如果你需要为得到一块糖努力工作四年，你不会干的；但是你肯花那么久的时间去攻取一个医学学位。你肯为之付出努力的意愿产生于被追求的东西的自身价值，而付出的努力本身并不能使追求的东西变得有价值。

这如何运用到约会上？你不该没有自己的生活、黏人、迫不及待，好像一直留着座位，谁来你家都有空招待。一个生活丰富多彩的人自然会吸引他人，因为除了邀约她的人，她人生中还有别的兴趣；她未必每晚都有约会，她有读书小组，还有朋友相约出去吃饭、看电影。或者，想象一下："不，我明晚不能出去，我正在读一本好书，我非常期待能有段独处的时光读书，改日好吗？"

这不叫耍手段、玩矜持，这是真实地过你的生活，然而这样对方能听懂你的信息，感受到你的生活状态。如我上文所说，"对单纯的人来说，一切都是单纯的。"一个生活充实的人是有可能像丽莎那样，头一天晚上愉快约会，次日刚好有空再次赴约，率性而为可以是件好事，所以她说："好，我们今晚见。"说做就做。但是深层的现实是，她是个充实的人，没有这个约会，她的生活也不空虚——这一信息已传递出去。

瑞安明白她生活充实，约会仅是个约会而已。

如果因为你真实，你有空见面，他就对你失去兴趣，那这样的人你未必想结识。他也许只喜欢那些可望而不可即的，只想追求过程。他只想要他得不到的，那么他需要了解自己背后的动机，解决内心问题之后，他才能珍惜他实际能够拥有的。那就让他去别的地方，找别人去解决他的问题吧。你不会想要一个那样的人。

有个男人告诉我，他当时的约会对象、现在的妻子，在他们约会第三周的时候，有一天晚上九点给他打电话，说："我刚从电影院出来，你在干什么？"他说在家看电视，邀请她过来，他们度过一个愉快的夜晚，他看到她的新的一面，喜欢她的不矫情做作，毫不犹豫地给他打电话，说来就来登门拜访。"她不像那些整天打电话，时时都有空的女人，当她给我打电话时，我知道她有自己的生活，她这样做挺自然的，这令我向她敞开自己。"

做你自己，真实、生活充实，这些对方会感受到。

接着过自己的生活，还是为了对方而放弃

不要太快或太频繁地调整生活，以适应约会对象，也许你的生活本来不那么空闲，但是一旦有人开始约你，你马上清空生活一心恋爱，这样传递出的信息是，你特别需要这段

关系，你愿意为这个人把你的一切抛弃、扔到窗外。当你如此做时，你在发出无意识但真实的气息，这样你俩之间的力量不平衡而且不健康，那个人会在你生活中影响力过大，你对他的需要和依赖过多，而事实是，没有人想在婚恋关系中找个寄生虫。

这是为什么有人认为耍手段有用，他们真的是想把对方吸到自己空虚的生活中，他们运用策略故意拒绝次日的约会，伪装他们不是"寄生虫"，但是他们所做的只是暂时隐藏里面的"寄生虫"，下周他们出去约会时，依然会原形毕露，只是一周以后现身，对方仍然能感觉到那种气息。他们耍的手段不能改变他们的病态依赖。

所以，即使你生活充实，但如果你太需要找到对象，为了确保得到这个人，你也可能甘愿为他立刻放下其他事情，那要把这种倾向当作一个提醒自己的信号。要刻意保持你的正常生活，把约会安排进去，而不是让你的生活停摆，那个人可以随时占有你的时间。探究那种依附性和你愿意放下一切的原因是什么，寻求支持和帮助，解决孤单寂寞的问题，处理其他任何导致你那么饥渴的原因。如果内心有"真空地带"，不管你用什么策略，你的约会对象会觉察到的。

有的女人因为计划找对象结婚，不肯买房，她们不想看上去太独立，好像打算独身一辈子似的，因为这个理由不买房挺愚蠢的。如果你想买房，就去买，正常过日子，不要担忧；如果你遇到对的男人，他会欣赏你的独立，卖房自有房产经纪人操办。

尊重，还是没界限

要手段的另一个动因是缺乏自我尊重、对他人的尊重或者界限。你听到很多类似的建议，比如"周三以后不要接受周六晚上的邀约"，"每周见他不要超过一次或两次"，这其实是为了说明你有良好的界限感、尊重自己、尊重他人。这些都是重大的问题。

尊重自己意味着你不应该随叫随到，一个人应该有自己的时间、感受、需求和愿望，你若不允许别人不尊重你或不把你当人来尊重，就是在表达你的自尊。我们也要尊重他人的时间和生活，不能经常在最后一刻邀约别人，期待别人随叫随到。

有的人总是最后一刻才给你打电话，那你要先做好预案，等他找你时，让他看到你的自我尊重，"我挺想答应你的，但是我有别的安排，你要是约我周末出去，通常需要提前点告诉我，周末我有些忙。下次请提早给我些时间，我很愿意和你见面。"

迟到、说打电话不打、做事有始无终，都是明显的不尊

重人的表现，如果你遇到这样一个人，他以为可以对你任意
而为，不尊重你的感受，那你对这样的事要坚决说不。对约
会来得很迟也不来电话打招呼的人，你不用生气，只要告诉
他，你理解他有工作走不开，但是要说："下一次如果你会迟
到这么久，请告诉我，我可以安排使用那段时间。"

你的直觉应该能告诉你，你是否被追求，对方想和你好
还是想利用你，有没有把你当回事儿。丽莎属于被追求的情
况，对方想和她好。瑞安喜欢和她相处，手里正好有那晚的
比赛门票，他说约就约，这次还是挺不错的。但是，如果瑞
安一直这样对丽莎，她会感觉不被重视，她应该告诉他，她
有自己的生活，需要他提前计划，如果他想约会，他应该提
前让她知道，而不是当天才告诉她。你有权利要求获得常人
当得的尊重。

讲出来我喜欢你，还是让你去猜

另外，有的人会纠结：当一个人喜欢另一个人，要不要
主动告诉对方。同样，这个情况是围绕着深层的问题而产生
的，第一种情形，把对方理想化、极力赞美对方；另外一种
情形，不露声色，喜欢对方却表现得高不可攀。

我们来看第一种情形的例子，有个女生（内心有些缺乏、
不健全）结识了一个男人，她本来就在寻找一个理想的王子

以改变她的生活，她心中有个幻想的形象，当那个代表她的幻象的人出现时，她惊喜万分、不能自持；他超乎她的梦想，令她简直无法相信她的眼睛；她茶不思饭不想，夜不能寐，无法安心工作，她觉得他的一言一行都很可爱，值得献上膝盖，从一开始她就不停地赞美他。

我记得有个男生告诉我："我们第二次约会时，她说：'你是我平生遇到的最棒的男人。'我分分秒秒想逃离，我能看出，她把我当作她的某种幻象，而我完全不想和这个沾边。在她说这话之前，我还以为她真心挺酷的。"

有的男人对女人也一样，从约会开头，他们把所约会的女人理想化，这时两人的力量就失衡，不是说要把约会看作双方权力之争，而是二者力量不均衡时，二人的关系可能不健康。那些把对方理想化的人，内心有缺乏，他心里的"真空地带"迟早会显露，通常是在约会早期。那个被理想化的一方，如果她心理健康，会发现自己突然没了兴趣，"带我离开这里！"她的心会如此"呼救"，虽然她可能说不出具体原因。

力量失衡的另一种情形是，有的人刻意按捺自己，不向对方表达赞赏和喜爱。他们在两个人的关系中觉得不安全，所以隐藏他们的"喜欢"之情，他们认为隐藏他们的感情，能帮助他们在二人的角力中更有力量。但是，其实问题依然不在于是否用计策、耍手腕，而在于深层的问题。他们觉得受威胁没有安全感，这是因为他们内心空虚。他们觉得自己不值得被爱，所以他们必须把自己和理想化的某个人连接起来，以此填补空虚；或者他们不得不隐藏自己被吸引的事实，来表明他们内心也许不空虚。这两个策略都揭露一个更深层的问题。

心理健康的人不会做这两件事。他们不会把某个人理想化，或者在看到美好的事物时，闭口不提。他们该赞美时，就赞美，"我非常开心，我们以后再来玩一次。"如果别人分享自己引以为傲的事，他们会说："哇，多了不起的成就，一定感觉很好，我敬佩努力工作的人。"这不是权力的转移或损失，而是你作为一个真实的人分享自己，你珍视另一个真实的人身上的美好。

如果你不把对方理想化，你们之间会感觉关系均衡些。他会看出来你欣赏他，但不需要一个英雄来救赎你的生活；他看得出来，你尊重你自己，同时又没表现得高高在上或不肯屈尊喜欢他的样子。其实，健康的人愿意听你说，你喜欢他，这样就给他一个理由，让他再次打电话找你或是还想继续和你约会。但是你不要给对方太多赞美，让他以为你是个狂热的追求者，同时也不要不自然地压抑你的感觉。

一个男士告诉我，他真正对妻子敞开心扉，是在他们第二次约会时，午餐约会后他送她回办公室，之后她马上给他打了个电话。"也没什么大不了的，"他说道，"她只是说'我只是想打电话告诉你，我非常享受刚才我们在一起的美好时光，喜欢我们的聊天，真好。谢谢你请我吃午饭。祝你愉快。'"

"她毫不做作，只是打了个很普通的电话，给我的印象是她接纳自己、很自在。我还感觉她向我敞开了一扇门，我不必玩什么游戏，可以再向前一步，我也不必猜她到底喜不喜欢我；同时我知道她不是'狂热的追求者'甩不掉，也不是依附或者黏人型的。总之，她很酷。"他说道。

建立自己的生活，保持日子的平衡，不走极端，做你自己。赞赏值得赞美欣赏的，直面需要正面应对的，该说是就说是，该说不就说不。如果那就是你，会有人和你心心相通，感受到你的存在，而你不用靠什么策略才被关注。做真实的自己，如果你内在没有问题，那并不需要更多外在的策略。

第 21 章

拿出男子汉气概

有一天，我和一对已婚的朋友一起吃饭，一向喜欢探究的我，想知道这对夫妻如何走到一起的。"你们是怎么互相认识的呢？"我问。

他俩同时笑起来，于是我知道有好故事可以听了。"说起他的所作所为，你会认为他完全是个跟踪狂。"安娜回答道。

我转向本，问他："怎么回事？"

"是这样，有个周日我在教会，看到她和一对夫妇一起走进来，我心想，'哇，她好迷人，我一定要认识她，我以前从来没见过她。'聚会结束后，我装作若无其事地偷偷走过去找她，但是她不在座位上了，消失了。于是，我四处找她，但找不到，就在这时，我瞥见她上了汽车，发动车子开走了。

"我不能眼睁睁看着她走掉，于是我狂奔到我的车旁，钻进去，在太平洋海岸公路上驾车追她。路上车很多，我来回穿梭超车想追上她。忽然我意识到，一旦追上了她，我不知道对她说什么。即使我追上了她，她也许会把我当作疯子报警。于是，我放弃飞车追她，琢磨着我得另想办法找到她。我记得和她在一起的那对夫妇，所以这对夫妇是我的最佳线索，我要先找到他们，结识他们，再找到她。

"下一个礼拜天，我见到他们，上前去介绍了我自己，问了问他们的宝宝，聊了几句，还扯了好多有的没的事情，为了和他们套近乎而闲谈。我有任务在身，但那天我没有行动，我又等了一周，礼拜天再次见到那对夫妇，又和他们像朋友一样聊天，然后我出手了，我很随意地问他们，几周前跟他们在一起的那位女生是谁，我说她看上去人不错，我挺想认识她的。

"从那个时刻开始，那个妻子发起对我的盘问！她好像给我做了个严格的面试，我的意图、我的后半辈子，所有一切的一切都问到了。她是在为她的朋友把关，不希望她和任何渣男有什么瓜葛。显然，我通过了她的面试，我们约会了，走到现在。但是我跟你说，这不容易！"

使命在身

这我喜欢听。我听到的那些男人的故事都是这样的，他们约会顺利，最终找到梦想中的女人。他们主动，是发起者，当她出现，他们就使命在身，开始执行；他们发动进攻，追求他们想要的，不是人猿泰山式的或是令人讨厌的进攻方式，乃是积极主动不是消极被动。描述他们的关键词是，主动的发起者而非被动的"但愿者"，他们并不指望哪天某个女人从天而降进入他们的生活。

这也是我从女人那里听到的，她想要男人做带头的发起者——婚前婚后都如此，她从开头到结尾始终都被男人的这个特点吸引，对女人来说，一个需要女人领导、敦促去做决定或去行动的男人是最泼冷水令人扫兴的，即使她表现得好像喜欢掌控他。

我问过一个女生，她意识到是自己先喜欢上她先生的，她说："挺好笑的，开始他看上去有点儿太'老好人'了，我觉得他还好吧，但不是十分吸引我，我们第一次约会一起吃了顿饭，我知道说起来有点怪，我们吃到一半时，服务生拿过来甜点菜单，放到餐桌中间，我俩同时拿起那菜单，拉扯起来，像场小型的拔河比赛，因为我俩都想要那菜单，他占了上风，从我手里拽出去，冲我微笑一下——他赢了这场拔河。他念了菜单，问我想吃什么，然后下单。听起来有点怪，但是我知道，他没让我赢，我其实很喜欢。"

这听上去一点儿不奇怪，因为我都听过一千遍了。女人想要强势和有决断力的男人，对双方关系的决断，他并不自私和霸道，但是用她的话说，他"赢了"。这就是赢得一个女人的方法？从她手中抢夺东西，永远占上风？不，肯定不是如此，但是对她来说，这些象征着他够强，不会被她掌控。那才是她喜欢的。

随便你怎么说，但它是真的。大多数时候，男人天生要去带头、追求、肯定、保护、征服，或用其他你能想出的任何词来描述男人气概。我明白女人也要做上述这些事，男人也应该与他们"回应"的、更女性化的部分融为一体。男人应该回应女人的主动，同时不感到遭贬低。实际上，只有在一个强大的男人面前，女人才能自由发挥她那个主动、决断的自己；但是，如果他不够强大，不能抵抗别人对他的控制，她则无法表达她的决断与坚定；如果他不够强大，她永远无法做个完全的女人，包括她做回应者的那部分，也无法充分活出来。尽管两性都有主动发起和被动回应的部分，被动、不发起"进攻"的男人对女人的吸引力极小。

当谈到恋爱关系时，女人们会讲，她们渴望去回应、渴望被追求、渴望男人想要她、渴望男人带头等事，这帮助她们感觉自己温柔、性感并敢作敢为。男人强而有力，可以成全女人，去实现她被创造的所有潜力，所以，男同胞们，醒醒！你们被赋予睾酮素，那就用起来，活出男子汉气概。男人们，站出来、做发起者，奋力追求，不再那么被动。

当我告诉一个心理学家朋友，我在写这本书，他说的第一件事是："你能告诉那些男人不要再哼哼唧唧地抱怨女人，说什么她们只看重男人的银行存款和社会地位，还有其他类似的废话？"这我完全赞同。那些被动的男人，自己不够强，无法通过他们人格的力量来吸引女人时，就说这种话。他们感觉好像必须依赖财富或地位之类来象征他们的力量，而不是依靠人际互动来展示他们的力量。

男人的工作和事业被大多数女人所看重，但她们看重的并不是一堆钱、头衔或学位，而是男人对他们所在意的事物充满热忱、斗志和追求；这体现出他们性格的力量，不论他们的热忱驱动他们建立一家大的公司，或是成为学校教师获得事业上的满足，什么位置不重要，她想看到的是，这是个为满足自己心愿而奋力追求的男人。那是吸引力。

那天我和婕德聊天，她 30 岁出头，正为她身边的一个男人烦恼，她已经认识他三年了，他们是非常要好的朋友。每当她参加活动没有男友陪伴时，就带他去，反之亦然。需要恋人出场时，他们互为"备胎"。他们经常一起玩，他们的朋友们总是纳闷他俩为什么不正式交往。我问她同样的问题。

"这有些蹊跷，"她说，"我也想知道，我俩能否进一步发展，我知道他也这样想，因为每次当我讲起和我约会的人，他总是和我约会的人比较，说'如果我和你约会，我会这么做那么做'，我知道他有兴趣，但他不明说，我从来没真正把他看作是愿意为我做什么事的人，我喜欢他，但不来劲；他约我，但从不承担任何风险，他会很随便地问我：'如果你今晚没什么事，那我们何不去看场电影？'这不像约会，而是像我和一个女性朋友都没有约会，凑到一起找地方消遣一下。"

"那好，"我说道，"让我问你几个问题，如果他现在就来你家，敲门找你说：'够了！我俩要约会，正式约会。我们的关系像这样暧昧不清很久了，这个周五你做什么？我说的是正儿八经的约会，不是因为都没事就一起打发时间。我邀请你，男生约会女生！'这样你会有什么感觉？

婕德脸红了，说道："天呐，光想想我都兴奋起来了。"看着她羞红了脸，我有点好笑。

"所以，"我回答她，"你应该这么做，给他打电话说：'贾斯汀，我想弄清一件事，那天晚上你对我挺友好的，有点撩妹的架势。你想要什么？你想和我做朋友？还是你想和我约会？想想清楚，你现在像个骑墙派，我想知道你想要什么，直截了当，要么做我的朋友，要么和我约会。我想知道答案，但你不用现在告诉我。你考虑考虑，然后像个长大成熟的人那样打电话邀我约会，或者告诉我，我们只能做朋友。如果我们做朋友，很好，但是你不要再表现得好像我们之间也许会继续发展下去，但其实没有。'"

"太棒了！"她说道，"我就这么做。我厌倦了这个状态。他是时候该站起来，做个爷们。"

她的表述好极了。为什么她感受不到兴奋劲儿？用她的词儿说，就是"不来劲"。他有吸引力吗？有。有成就吗？有。对人友善吗？是的。她的朋友、家人都爱他，她的父母在她面前说他的好话撮合他俩。但是他没有拿出男子汉气概、主动性和斗志；所以没有什么能让她来劲儿，好回应他。她不是要求男人凌驾于她之上掌控她，她要求的是：

- 有男人想要她，无所畏惧；
- 有男人渴慕她，毫不犹豫；
- 有男人追求她，不用她等；
- 有男人照顾她，用心计划；
- 有男人对她主动，她可以回应。

婕德最终给贾斯汀打了电话,明确地告诉他,要么做朋友,要么邀她约会。她发现,他在拉斯维加斯和他们一个共同的朋友同居了。不温不火太久是一个很明显的信号,提醒我们为什么要当心被动的男人:他们经常脚踏两只船。婕德后来说,这大大肯定了为什么她不曾完全真心地想要贾斯汀。

付诸行动

我要说的是,兄弟们,你一定要知道你要什么,然后付诸行动;想要,就去做。意图中有力量,欲望中有力量,主动性中有力量。你不一定要做人猿泰山或是终结者。我有个建议:你一定要有为之追求的欲望。这是男人身体里面的睾酮素的精髓,女人天生能对此作出回应,她是这样被设计“布线”的。

这通常能解答那道单身男人的难题:他想要某个理想化的女人却无法拥有,或者想要的女人情感冷淡,无法得到。他想要某个女人,但看起来他追不上,通常,与此同时,他身边有好多女人想要他,但他对她们没兴趣。我总能听到这句话:“我要的人,不要我;我不要的人,要我。”

背后的原因通常是当他看到他想要的人,他收起自己的“侵略性”,开始努力取悦她,而不是从她手中夺走菜单或是明确说出他要什么不要什么，于是她不感兴趣，他则渐渐偃旗息鼓了。与此同时，对他不想要的女人，他霸气果断，因为他无所畏惧，于是令她们为他痴迷疯狂。

单身女人也面对这个难题。身边有很好的男生，她爱他，待他如兄弟一般，虽然她希望能对他更有感觉；他人又帅又好，对某些女生来说会很抢手，她问自己，"我为什么对他没兴趣？他那么好，但我一直喜欢'坏'男生。"如果那些好男人肯主导、担责任，她的问题也许就能得到解决。

所以，这是我的建议：男人们，行动起来，不要把一点点的障碍，或对方没兴趣当作终局的标记；不要觉得她需要为你铺平道路，提前告诉你追她毫无风险；你要跨出脚步，付诸行动；当你遇到一点点拒绝时，要攻克难关，继续前进；不要放弃，直到机会之门确实关闭了（有时，要等到她手指戴上了婚戒）。

女人们，如果你已经真的给了某个男生许多机会，也和他讲明白了，他还不追你；那你不用再理他，天涯另觅芳草。这里是有问题的。他要么不被你吸引，要么他内心有矛盾；而你不想在双方的关系中，一直坐在主驾驶的位置。让他去解决他的问题，也许他会回头来找你，但是把这个主动权留给他。面对一个被动的男人，不要尝试"搭电启动"，像借电给一辆打不着火的汽车那样，他们会令人万分抓狂。

　　有时，那些确实挺好的男人需要一点推动和暗示，好能"爬过小山坡"，他们有时需要清楚你对他有兴趣、你的心敞开，他们有点害羞，这没关系。有些男生需要感觉安全，才肯往前走，他们就这样的性格。问题是，当他们感到安全之后，他们最终是否肯行动起来。如果他们行动起来，很好，他们需要来自好女人的一点鼓励，这没什么错。但是，如果你已经给过他一千次机会，那你也许该想到，这是一个被动的男生，除非他解决了被动的问题，否则他会一直令你抓狂下去。那你还是去别处，找个会捡起你的手绢的男人吧，把手绢落在他面前。

　　总而言之，男人们，行动起来！你要负责带头开始你和她的故事，你不能让恐惧阻止了你。其实，被恐惧搞得束手束脚的男人，她反正也不想要。你要意识到，前方会有拒绝、严查细审、与人比较、竞争等一系列的状况。实际上，你在约会中应该收获的就是尽可能多地经历被拒绝！大量约会，立志高远。我不是开玩笑，只要有被接纳的可能，你被拒绝的次数越多，就说明你越努力，你距离成功就越近。

　　如果在这个过程中，没有一个女人接受你的追求，你需要问问自己哪里出问题了。获取反馈，请阅读第 26 章《照照镜子》。你被拒绝应该是有原因的，即便约会成功的人也会被拒绝很多次，你要习以为常。当你邀约女人时，她拒绝你的理由可能有一千个，但都和你无关，不要把这个和你的自我价值挂钩，她们不能定义你的价值。所以呢？你要调整思维，轻装上阵。

生活中，你不要给女人那么多的权力，从长远来看，一个女人是否认为你酷，于你毫无意义；当你邀约女人时，如果你要让女人来决定你是否有男人味、是否有实力、是否魅力十足或是否能让女人心驰神往，那你一定要有所改变。你被爱和被认可应该来自上帝、来自那些了解你和爱你的人，不要从与你约会的女人那里获取。让自己变得强大，这样当你遭到拒绝或遇到挫折时，你才能够耸耸肩不予理睬，继续前行。其实你梦想的女人也是在找这样的男人，这也是你找到她的途径。

鼓足你的勇气，解决恐惧的问题，预备好了，登场！她在等你！

第 22 章

持守界限，不将就

"我不知道该拿我男朋友怎么办，"斯蒂芬妮打电话到我们的广播节目说道，"我们之间出了问题。"

"什么样的问题?"我问道。

"是这样，我非常爱乔，但是他根本不关注精神生活，而这对我很重要；有时他要求我和他上床，这和我的价值观不符，于是我们就为身体亲密接触而争吵。还有，我好像对他来说没那么重要，我是说，我们是会花时间在一起，但是他的兴趣爱好、他喜欢的事情好像总是排在第一位，我排在第二位。"

"你们交往多久了？"

"将近一年。"

"那么，是什么问题呢？"在我看来，这个男生显然没有准备好稳定下来，而且他有一些性格问题需要解决。所以，她为什么不处理这些问题？我有点儿纳闷，为什么她不离开他？

"我爱他，我希望我俩能结婚，但是这些事让我很心烦，我不知道该怎么办……"她越说声音越小，感觉只剩失望了，"有时，觉得好像我应该和他结束。"

"那你为什么不做呢？"

"我告诉你了啊，我爱他。"

"所以呢？"

"所以什么呀？我不认为人应该放弃爱情，能找到的话，太值得珍惜。"

"'放弃爱情'这话言重了，"我说道，"我不会这么表述，但是让我先告诉你我听到的是什么，我听到的是一个非常普遍的一个问题，你本末倒置了。"

"怎么说？"

"你在用错误的标准来评估这段感情，决定你是否托付终身；你在用你对他的依恋，而不是用你所看重的价值来评估。

让我问你，你想要一个什么样的丈夫？"

"我想要的丈夫，他对我专一忠诚、我们在精神追求上和谐一致、都能按我们的价值观生活等，诸如此类。"

"对你要托付终身的人，这些都是正当的要求，如果你从来没见过你的男朋友，我跟你说：'斯蒂芬妮，我给你介绍一个小伙子，你考虑下要不要和他恋爱、结婚，我想给你牵个线，他单身，你应该会觉得他能吸引你；但是他不会那么重视你，他把他的兴趣爱好置于你们的关系之上；他不会保持自己的精神价值观，在精神上他是被动的；当他做他自己的事情时，他撇下你一个人不管，如果你想和他讨论此事，他嫌你烦；虽然他嘴上说赞成你的道德观并承诺结婚以后再同房，但是他向你施压，要你和他上床。不过，我认为你会爱上他。'我这么说，你会怎么回答？你想要他吗？"

"不要！我会请你再帮我另找别人。"

"完全正确，因为你的价值观和生活常识要引导你的选择过程，而不是你对他的依恋来引导。但是，现在因为你'爱他'，你对他的依恋遮蔽你的眼睛，看不到你所要的和该万分重视的东西。你不能让你是否依恋某个人，来引导你的行动，你一定要让你的价值观和那些能让爱长久的东西指引你。我不是建议你'放弃爱情'，我是建议你保护你的爱，并要求对方拥有能让你们彼此相爱的品格，这是价值观的作用，保护和维持爱情及生活中所有美好的事物。

"那我该怎么办？"

"遵循你的价值观和你的心愿行事，你说：'乔，我要找的是特定的人和特定的男女关系；我最终要嫁的人要诚实，有爱心，负责任，在生命中有坚定的信念，既珍视他自己的兴趣爱好也珍惜我们的关系，尊重我的界限，他要能够展现出我们共同的属灵价值观；这是我想共度余生的人，目前看，你不是这样的人。你不这样行事为人，我们已经为此谈过好多次，你知道具体是些什么事。所以，除非你成为这样的人，或是认真朝着这个方向改变，否则我就不能和你在一起，我要等那个人。我希望你能变成那个人，我希望那个人是你，但是眼下你不是，如果你变成他，请你告诉我，到那时再说。现在我得告别这段，继续我的生活。'

"那是你该做的，如果他听明白了，去寻求咨询辅导、参加互助小组，或做些什么能表明他在努力改变的事情，那你们还有机会。但是即便如此，你也要观察他的改变有多真实，没有你的督促，他的改变是否长久，或者是否有你推动，他才能坚持下去。但是要记得你寻找的是内在的价值，如果某个人不符合这些要求，你不要和他有瓜葛，更不要向他承诺一生。在这种关键问题上，没得商量。"

"我懂了，遵循我的价值观，而不是跟着我对他的感觉走，"她接着说道，"即使我对他的感觉非常强烈。"

"对，你懂了，"我说，"你的感觉有多强烈不是标准。"

以价值观为导向

这个问题在约会中再三出现。有些人因此放弃约会，他们没有界限尺度，感情用事，过早对人产生依恋，然后这种依附妨碍了他们的判断。要记住，那个你付出感情或者承诺未来的人，必须通过价值观的考量。他一定要过这一关，如果他过不了关，你必须放手，继续寻找；或者至少等到他肯正视他的问题，并用时间来证明他的改变，否则你要捍卫和守护你的心，去寻找一个值得你付出真心的人。

如果你到了一个节点，你的依恋混淆了你对价值的考量，这时你需要寻求团队的帮助，听从他们的建议，授权给他们，请他们监督你。他们要来搭救你，给他们许可。

要谨记，价值观是用来保护自己的，也保护你的生活不被破坏。如同所罗门说：

> 智慧必进入你的心，知识必使你欢悦。
>
> 明辨的能力必护卫你，聪明必看顾你；
>
> 要救你脱离邪恶的道路，脱离说话乖谬的人。

那些人离弃正道，走上黑暗的道路。

他们喜欢行恶，喜悦恶人的乖谬。

他们的道路弯曲，他们的行径偏离正道。

你的价值观是你约会的建筑框架，你要铭记在心，认真遵行。价值观会带领你找到对的人。

维护界限，要求尊重

要避免斯蒂芬妮的处境，最好的方法是防患于未然。在二人关系中，一旦看到不好的行为，要第一时间纠正，维护你的界限；如果有人逼你做出格的事，违背你的价值观、你的本意或你的选择，站起来为自己发声，勇敢地说不。如果他不尊重你的"不"，叫他走开，直到他听明白了；如果他抗议，那你就说："我说的不，你还有哪一部分没听懂？"

对其他不尊重人的行为，以同样的方式处理。如果他把你当空气，或者不尊重你的时间，总是迟到却不打招呼，或者欺骗你，你要为自己挺身而出，告诉他，你不会容忍。确保你找到一个好人的最好方法是，要求那人好好表现，不好的人听到你的要求，会离开找别人，你则有空间接纳好人。

不要容许不良行为，记住，你所容忍的，就是你将得到的。

如果你需要帮助才能挺身拒绝不良行为，那就去寻求支持。但是在约会中，你不要包容不良行为。维护你的界限，不要将就着接受不够好的行为。

第三部分

做好准备

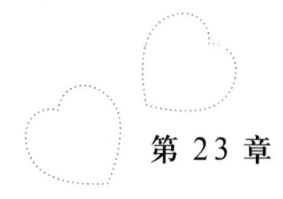

第 23 章

省察内心，正视问题

- 乔尔说："很怪异。当我被女人吸引，我就缩到自己的壳里面，不知所措。我会变成另外一个人。"

- 米西说："我搞不懂怎么回事。上班时，我经常和男生讲话的，我毫不谦虚地说，我风趣、开朗，是个好伙伴儿；但是如果有个帅哥在场，我心里就感觉异样，若是在派对上，我则会走到房间的另一边。"

- 托尼娅说："开始我还正常。然后，当我和他讲话时，我注意到自己越是喜欢他，越是想我的屁股现在有多大；其实我不认为我的屁股有那么大，但是我开始有那样的感觉，一直琢磨他会怎么想，无法摆脱。"

· 亚历克斯告诉我："我有个朋友想为我牵线介绍对象，但是我开始想，如果她是个怪胎，怎么办？感觉又多一次挫败。"

· 我问培琪在派对上做什么了，她这样告诉我："我想上前和他聊一聊，但是我感觉那样太猛了。"

· 丽贝卡说："我看着他，就知道他不是我的类型。他看上去真的很好，但是没什么劲。"

· 布雷恩说："我觉得她单纯得像白纸。如果她真的了解我和我的过去，我猜我一点戏都没有，尽管我已经洗心革面，但是像她这样的姑娘想找的是'完美的男生'。"

听上去耳熟吧？虽然你脑海中约会的噪声也许不是上述问题，但是你也停滞不前，你的头脑里很可能也有些毫无益处的类似想法。记得我们的改变约会状况的指导原则吧？外在是内在的果实。如果你的约会陷入停顿，你可能需要改变态度，放下恐惧，纠正内心的想法。当你倾听自己的内心，你会找到线索，发现令你停滞不前的东西。

下面列出的是我们前几章讲到的话题，是人们在约会上停滞不前的原因，虽然是不完全的清单，但是如果你浏览一遍我们讲过的内容，问问你自己，关于这些话题你会对自己说什么，你也许会发现一些潜伏在你头脑中的"有趣"的东西。每个话题后面有举例，都是人们对自己所说的消极的例子。

- 怨天尤人："为什么我还没有对象？"
- 被鼓励去承担责任时，感到愤怒或垂头丧气："所以你的意思是都是我的错，好吧，又一次证明我是个废材。"
- 约会反映你的心理活动："没人约我，我能做什么啊，我什么都不要做；我不封闭自己，但是没人找我啊！"或者，"当然啦，所有的失败都是我的错，我一无是处！"
- 问题不在于没有潜在的约会对象："我的教会和朋友圈子里的每个人我都认识，没有一个是单身的。"
- 为约会找人监督、互助："我没人约会，参加监督互助小组对我有什么好处？我和其他人分享什么呀？"
- 记录你的约会行动："荒唐。没有用的。太麻烦！"
- 一周约五个人："我不会喜欢偶遇的人。""没可能。""我太害羞，不好意思结识新人。""他们不会喜欢我的。"
- 不要只找一个类型的人，不要局限自己："我知道我喜欢什么样的，我不想和我不感兴趣的人约会。"
- 每个人都要见上一两面："为什么要浪费我的时间？"

- 抛开预定的期望:"我一定要找高学历的。""如果我娶不到一个金发女,我会觉得在将就。""我要高个儿的。"
- 做你自己:"我太紧张了,为什么我不能大声说出来?""我和潜在的约会对象讲话时,与和朋友讲话不一样,简直判若两人!"
- 使用网上约会服务:"打死我也不上网找对象,多恶心。"
- 不要耍手段:"你必须耍手段,你就是不可以把自己的牌都摊到桌面上。"
- 改变常规行动路线:"那不会有用的,我怎么会在傻了吧唧的垒球比赛上遇到什么人!"
- 审视自己的内心世界:"我不想看自己的内心,只想谈恋爱。"

在这些领域审视自己,可能会让你忙碌一阵子,你可能要付出很多努力。但是我发现,当人们开始行动,不再原地静止,他们也会同时处理这些问题。他们在约会之前,在约会当中或者撤出约会时,他们会看到内心的真实动态,然后和他们的团队讨论,最后他们采取行动加以改变。简单地说,他们观察自己的内心世界,然后作出调整。

如果你要锲而不舍地战胜困境和人生的考验,可以去寻求智慧。约会当然算得上经历人生考验的领域，你需要智慧，知道该做什么以及如何改变。去寻求智慧，行动起来。

下面是些常见的需要注意的地方：

- 害怕与人建立亲密关系，只被空想的、理想化的爱恋对象所吸引："当我接近对方，我就不再感兴趣，或者害怕了。"

- 害怕被掌控，导致有些人逃避作出承诺或建立现实中的恋爱关系："我感觉要窒息了或者被关了禁闭。""当他们喜欢我，我就没了兴趣。"

- 害怕自己的不完美和缺点，缺乏自我接纳："我觉得自己不够有吸引力，没人会喜欢我。""如果她知道我真实的样子，就永远不会喜欢我。""我不够帅气或者不够虔诚或者不够有成就。"

- 对性的自我恐惧，导致压抑性欲，缺乏与异性之间的吸引力或被吸引力："我没有太多性方面的感觉。"

- 身体形象的问题引起对人际交往的恐惧："我太胖。""我太瘦。""我太矮、太高、太丑。"等等。

- 曾经被虐待过，但没有心理调整过："我对人有恐惧感。"

- 缺乏自信，不能坚持自我，导致害怕别人："对人说不，让我感到惊惶。"

- 性冲动泛滥，无法拥有爱情，不能与人亲密接触或建
  立真正的两性关系："我只想做爱。"
- 坚持高不可攀的要求和标准，其实你是为了"保护"
  自己，屏蔽潜在的对象："她不够精明。""他不够高。"

我刚刚收到一封电子邮件，来自我辅导过的女学员，她曾经有一段时间零约会，为期两年。她学习了这个教程，几个月后，开始约会，一两年后她结婚了，现在她带领她的朋友们照着本书的步骤约会。她很兴奋地告诉我，她辅导的一个女生上个周末出嫁了，这对他们所有人来说都是一个欢喜的时刻。我接到她的邮件时，正在写这一章，想起她走到这一步时的情形，我忍不住微笑起来。

我让她观察她的内心世界，之后浮现的问题令她真的很惊讶，例如，作为一个成功的职业女性，她从来没意识到她在男人面前感到脆弱，害怕被拒绝。当我叫她执行每周结识五个男人的任务时，她会说："这太奇怪了，当我和陌生男人讲话时，我满脑子想的都是我的体重、我的皮肤、我看上去如何，诸如此类关于外表的一堆念头。在工作中，我从来不这样，但是我注意到在这个领域，我真的感觉很别扭，无法自然地做我自己，难怪男人们不约我，外表之下没人'在家'

啊！（外表之下没有内在的灵魂主宰自己。）"

于是她加入　个小组和朋友　起学习《改变带来医治》那本书和研习手册，帮助她审视引发恐惧的内心问题。她意识到家人的拒绝和批判的行为模式影响了她，她也从来没有真正处理过这些问题。她心里的伤害必须得到医治，这些伤害不仅使她遭遇更多类似拒绝，也让她在身体上放任自流——她不注意保持身材，胖了不少。她并不想因为自身的放任自流而使自己再次变得脆弱。

然而，当她审视自己的行为模式，因着所受的伤害而黯然神伤时，她通过和小组里朋友的相互陪伴、沟通交流和促膝谈心，终于恢复了身材，找回女人味，重拾了自信。她不再因曾经受到拒绝而用敌视的眼光来看男人，长久以来，男人第一次"看见"了真正的她。于是佳人有约。她变得苗条，比以前更像她自己。我能辅导她走过这个历程，深感快乐。

这个例子说明了我所讲的发现内心状况并解决暴露缺点的问题，这也给我们之前读过的箴言提供了实际例子："你要谨守你的心，胜过谨守一切，因为生命的泉源由此而出。"她的约会问题与她的内心相联系，之前她没有处理过，一直存在她的心里。

这还不是全部，这封邮件所说的另外一点对我们也很有帮助。她说，在为她所辅导的女生出嫁开心的同时，她也注意到，那些没处理内在问题的人很少有约会的机会。她实在关心这群人，她在邮件里这样写道：

在一个女子告别单身派对之后，已婚的朋友罗萍和我一起与莉雅（她是个可爱的红发女郎，也是约会小组的一员）聊天。其他女生都离开了，我们三个仍然坐在大厅里，我们鼓励莉雅多结识男生，花了 45 分钟努力说服她，最终她说："但是，斯蒂芬，你外向，对你来说，结识男生很容易！"

我说："莉雅，你不认识亨利·克劳德博士给我做辅导之前的我，那时我也做不到，我以前很封闭的，和你一样，我从来不主动和男生讲话！不过后来学会了如何对男生表现出欢迎的样子。"

"亨利·克劳德博士，您怎样看待'内向的人'呢？"

"'内向的人'不能成为一个借口。"

以前我和她一起出去结交新朋友时，她做得很好，因为我帮她找机会和别人交谈，我会看看男生们，与他们做目光接触，他们就会过来和我们讲话。就在当晚的派对上，我还说过："莉雅，男生过来想和我们（一群 10 个女生）搭讪，我是唯一一个与他们有目光接触的，这已经是我的习惯了，但是我不得不收回目光，低头往下看，因为我已经结婚了。"

最终还是有两个男生两次走过来，试图和我们讲话。但是，所有单身没有男朋友的女生，都是一副心不敞开的样子。那几个敞开心扉的要么订婚了，要么约会正在顺利进展，她们没兴致和男生讲话。其余那些，声称真心想结识男生的，却浑然不知，错失良机。她们是典型对周围情况没觉察的女人！

这位女士亲身经历过这一切，她审视自己的内心世界，找到了她在约会上停滞不前的原因；现在她看到其他女性朋友面临同样的问题，就做她们的教练辅导她们，因为她现在能清楚地看到，她们中有的人为什么困在原地，这也印证先哲的原则："伪君子啊！先除掉你眼中的梁木，才可以去除掉弟兄眼中的木屑。"我们先下功夫努力找到自己的问题，然后才能清楚地看到别人的问题。先看自己的内心，倾听自己的想法，这是第一步，然后处理这些问题，开始新的生活。

我很高兴，这位女士没有"放过"她的朋友们，就像没放任她自己一样。她知道被问题困住、生活无法前进的感觉，也清楚克服问题之后的顺畅，她不容许她所爱的朋友们像她那样停滞不前；她不容许其他人嘴上说是想结识新人，但人却糊里糊涂、错失机会；她希望她们不再做"那样的女人，对周围男人的心思和行为浑然不知"。讲得多好！

所以，我的建议如下，这也是这位女士以及其他扭转了自己的约会局面之人的建议：

- 认真践行这个教程，审视所暴露的内心问题，关注、观察、了解自己的感受和产生问题的原因。
- 处理你所发现的问题，找个朋友或是咨询师或其他能帮助你的人，讨论这些问题，治愈内在创伤，改变令你停滞不前的因素。

下一章我们看看哪些问题可能阻止你前进以及你要如何处理它们。

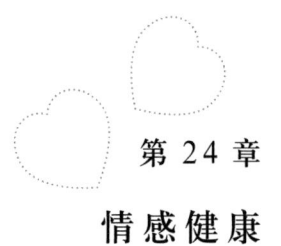

第 24 章
情 感 健 康

有个晚上，我和一群朋友一起吃饭，大家聊天讲起约会和单身生活，艾比知道我给单身们做辅导，于是她问了一个很多人问过的问题："为什么我总是吸引我不感兴趣的人，我想要的却吸引不来？"

"和你喜欢的人在一起时，你表现得与平常有什么不同吗？"我问她。

"我有种参加工作面试的感觉，"艾比回答道，"就好像坐在那里寻思，我会不会接到他们的通知，邀请我参加第二轮面试；我痛恨等通知的感觉，因为我总是在想会不会有第二次约会，这让我厌恶第一次约会。"

"如果你只为了约会而约会呢？"

"我还是会担心第二次约会。"

"你什么意思？"

"嗯，如果他喜欢你，再次约你，但是你不喜欢他，你怎么拒绝他啊？不管怎样，第一次约会都很别扭，要么担心人家不再约你，要么担心你被第二次邀约。"

此时，席间有一个婚姻幸福的 35 岁女生发言，"如果他再次邀约你，他怎么想无所谓，如果你不想去，就告诉他你不感兴趣！很简单，没啥好想的！"她说道，"你为什么更介意他怎么想，而不是你想要什么呢？"

"打住！"我叫道，"请再说一遍。"这位非专业人士说得比心理学家还好。她现在已经结婚，婚姻幸福，但是她单身的时候，很喜欢约会。她解释了原因：她不纠结男生们怎么看她。她知道自己是谁，知道自己想要什么，不想要什么。她也不觉得直接讲出来有什么不好意思的。

然后，我对艾比讲了一句话，是她从来没想到的。"这就是你第一个问题的答案，为什么你想要的人不想要你，你不想要的人想要你。"

"怎么会？"

"在你想要的和不想要的之间有矛盾。当你不想要某个男生，你觉得很难开口告诉他——友好和气但直接明白地拒绝他。当你被某个人吸引，你调整自己去适应他；而不是保持内在清晰的自己，不仅笃定自己是谁，还知道自己想要什么。你的妥协让他看不到真正的你，那个男生没看到什么可以吸引他的，于是人家去别处接着寻找。

"另外一种情况，你不那么在意对方，就能呈现真实的自己，那些男生们就会喜欢你。但是，当他们喜欢你时，你无法开口告诉他你没兴趣；你的'适应'他人的那一套又回来了。当你不再牺牲自己去担心他人的感受时，你就会吸引到对的男生。"

刚开始，这些对于艾比来说难以理解，但是随着我们谈话的深入，她承认了自己的问题，她在家里总是把家人的情绪好坏当作自己的责任，她尤其不想让父亲失望，她已经变成典型的"取悦他人者"。当她想获得一个男人的认可时，这种行为方式就显露出来。就仿佛她要得到父亲的认可一样，在他面前变成那个适应别人的自己，取代了真正的自己。她在其他男人面前也如此表现，毁掉了她的约会。要想改变约会情况，她必须在情感上健康起来。

吸引到你想要的人

不论在人生的哪个节点，我们在个人生活中，都有很多事情要解决。成长和改变的脚步是不会停息的。但是，约会并没有那么复杂，你不必等到自己完全健康了，才能对人有吸引力，拥有成功的恋爱和婚姻。不过，你一定要解决一些基本问题，否则它们会成为你生活的拦路虎。让我们了解一下其中的几项。

虽然这本书讲的不是情感疗愈过程，但你需要一定程度的情感健康，去实现本书内容所包含的两点——找到对象，找到值得拥有的对象。你希望能够吸引异性，吸引那些值得吸引的。那么，什么是重要的情感问题？你如何解决它们？

我全面地写过个人成长问题的书，无法全部都在这里复述，但是我可以谈及几个反复出现且影响约会的问题。重视这几个领域，你将会大有收获；若是忽略它们，则会让你屡次心碎，可能遇到各种问题，从找不到约会对象，到遇人不淑。几个重要问题如下。

发展情感连接

情感连接，意思是你在与他人交往时，人在场，心、思想和灵魂都与他们有连接；意思是敞开自己、不设防，别人可以了解和感受到你的内心、思想和灵魂；这意味着你信任他人，需要他人；这代表着你能够在情感上"投资"给某个人。

如果你做不到，或是做得很有限，会有如下情况产生。第一，你没有足够的情感来吸引别人，或"钓到"那人的兴趣或渴慕。第二，如果你能吸引某个人，那他寻找的是情感疏离的人或是他得不到的人，也许他只能和这类人沟通。

如果你和他人在情感的连接上有困难，那你可以找个安全的人，在非约会的情境下，解决你对被人了解的恐惧。学习信任他们，让自己需要他们，对他们不设防，与他们分享你自己，与他们亲近，讲一讲你这样对待他们时心里的恐惧和恐惧的来源。在情感上不隐藏自己，将对你的约会很有帮助。我要特别强调，一定要在非约会情境下处理这些问题。

你可以在一个小组里解决这个问题，或者找心理治疗师、疗愈小组或者朋友间的成长互助小组来帮助你。你可以跟着研习手册或其他学习指导中列出的进度走。方法多种多样，关键是你要真实、不戴面具并得到医治，先在非罗曼蒂克的关系中治愈你的"失联"问题，与他人建立连接。下面是几个要练习的技巧：

· 意识到你的需要。

· 接近别人，主动联系。

- 不设防。

- 挑战扭曲的思想方式。

- 对生活说是。

- 允许自己有依赖他人的感觉。

- 认出自己的防御机制。

- 适应和接纳自己的怒气。

- 冒险。

- 祈祷。

- 对他人表达同情。

在你的人际支持系统的帮助下，你会逐渐与他人连接，在约会中你也能与他人连接，你就能够"情感在线"，流露出健康良好的情感。这些帮助你得到情感疗愈的人际关系将成为你的情感支持，你不再孤独。因此，你不会只是为了摆脱孤独而作出错误的约会选择。

明确合适的界限

明确合适的界限意味着你知道你在哪里结束，另外一个人从哪里开始；你知道你想要什么和不想要什么；你知道如何划定界限，如何对越界行为说"不"。如果有人伤害你，你知道如何说："打住！"或者"我不喜欢那样。"你知道如何说："那样做我心里不舒服，我不想参与。"

当你明确合适的界限，你的行为会是诚实、清晰和直接的，必要时能与人正面交锋；这意味着你不仅很清楚什么是负面的影响，而且很清楚什么是正面的影响；这意味着你清楚你是谁，也能直接表达你想要什么。

如果你不能明确合适的界限，就做不到这些，约会时会有几样不好的事情发生。

第一，**你会表现得被动和没有吸引力**。人们珍视那些尊重自己的人，那些不轻易妥协的人。如果你太"容易"搞定，你不会对人有吸引力，即使有，为时也不会长久。

第二，**你不足够独立，以吸引到健康的人**。如我前面说过的，独立和距离产生吸引力，有界限才能"独立自治"，才能行使自由，自由是吸引力和爱的基本要素。这是为什么那些难追到手的人这么有吸引力：他们的独立和自由如此诱人。总之，若不能明确合适的界限，你就不能吸引人。

这也解释了为什么那么多的约会书籍都教你不要约会时随叫随到，要保持距离，或者要些手段，让你难以被追上。虽然我不认为这些手段有效（参见第 20 章《不要手段》），但大家觉得对他们有帮助，因为这样能让他们看上去有别于其他人，是独立的个体。管理好界限比要手段和操纵别人能更有效地建立健康的个人空间。

第三，你可能吸引到那种掌控型或虐待型的人。掌控型的人寻找自己能够掌控的人，如果不能掌控，则放弃离开。倘若你不能明确合适的界限，你就是一块磁铁，吸引那些掌控型或是以自我为中心的人。

最后，不能明确合适界限的人会是微妙的掌控者，你将会掌控别人或是不尊重他们的独立性。经常用依赖他人或令人窒息的方式掌控别人。如果你这样对待约会对象，特别是在约会初期，那会把对方赶走，你会很快失去他们；如果不是在初期，也会在要转为正式关系的时候发生。人们不会让自己陷于被掌控的境地。所以，就不要有这样的开始。

因此，像你学习如何与人情感连接那样找一个非罗曼蒂克关系的情境，学习和实践如下技巧：

· 明白自己喜欢什么，不喜欢什么，想要什么，不想要什么。

· 定义自己是谁，不是谁。

· 锻炼说"不"的能力。

· 停止责怪他人。

· 停止扮演受害者。

· 坚持和发展自我约束的能力。

· 变得积极主动，而不是消极被动。

- 设定界限。

- 选择和强化你的价值观。

- 接受他人的选择，而不是掌控对方。

- 意识到你和别人有分别，并非一体，你独立于他人。

- 做到诚实、真实和直接。

- 向扭曲的思想挑战。

- 在别人的帮助下练习自我控制。

接受现实

让我们面对现实。你希望一切都很理想、完美，像天堂一般，你希望你的容貌和身体像时下最红的电影明星，你的心灵像特蕾莎修女，你的头脑像斯蒂芬·霍金，或是你机智如你最喜欢的喜剧人物。但现实是，你有你的方式吸引人，你虽然不完美但人好，够聪明，有能力做你所做的，而且有你独特的幽默方式。你猜怎么着？这些特点非常吸引人——实际上会令对的人陶醉。只要做你自己——不完美但是丰盈真实。

但是，如果你不觉得自己有吸引力，你对人就没吸引力。如果你觉得只有达到你的理想标准，你才算够好，否则你就不够好，那真实的你就无法吸引那个对的人。他或她甚至看不到真实的你，因为你被藏在无安全感的后面：焦虑、对拒绝的恐惧、自恋、躲藏和自卫，所有这些我们称之为无安全感。如果你自己觉得不够好，那你就会不够好。不是因为你确实不够好，而是你不觉得自己够好，你就会如此流露出来。

于是，你会去寻找"理想的"或完美的人，来补足你感觉自己所缺乏的，这是永远遥不可及的。因为你一旦找到那个完美的人，你马上会觉得他或她不够好、令你失望。于是你一直孤独着，不停在寻找，因为过分挑剔，或是因为你会被那些貌似理想、完美的人吸引，他们故意让自己高不可攀，你拼命追他们却永远追不上，因为他们的策略和你的一样，是不被"捕捉到"。

你不一定要陷入这种困境，你可以选择面对现实。学习接受自己好的部分、不好的部分、你的不完美和真实的你。那个有创伤的你、曾失败的你都可以被他人所了解，然后，你可以被别人按照你的本相来爱你，你不用向谁证明自己，你可以取下遮羞的树叶，不再躲藏。这样别人可以在你身上发现许多吸引人之处，这些会是真实的、可接触到的、能体验到的、性感的、丰盈的、激发生命的、有趣的，以及其他上帝放在每一个人灵魂里的一切，如果你不遮掩，别人就可以看见。

但是，如果想做到这些，你必须从自我审判中走出来，首先在一个非约会的场景里，让其他人按照你的本相了解你、爱你。找到这样的人际关系，你就可以实践如下技巧：

- 承认你的错误和不完美。
- 把你感觉最糟糕的事讲出来。
- 与朋友一起为此祷告。
- 练习去爱他人身上不理想、不完美之处。
- 当别人不完美时，不要放弃他们。
- 接受自己和他人的失败。
- 处理负面情绪，如悲哀、愤怒、伤痛和恐惧等。
- 不要期待你自己、别人或你周围的世界变得完美。
- 饶恕每个人。
- 重新设想你的理想对象，要是一个现实生活中存在的人，而非幻想中的人。
- 重新评估自己，更正扭曲的自我形象。
- 观察你如何对自己讲述你的不完美。

长大成熟，平等待人

如果你想要个灾难片似的约会，那就怀揣着一颗幼稚孩童的心，去和成年人约会。这样的话，在每一段关系中，你都会感觉低人一等，不如对方，不够好，需要他人认可，无力无助，困惑迷茫，总被评判，且对性有所避讳。

如果你想有良好的人际关系，那长大成熟起来，做个成年人；在别人面前，不要再把自己放在孩子的位置，或是扮演家长的角色；珍视自己的想法和观点，勇于表达自己，同时也尊重他人的观点。放弃追求别人认可、批准的想法，不要再给别人权力来左右你对自己的感觉。不要再评判别人，或者允许别人的评判影响到你。

用成年人的眼光来看待性，不要谈性变色，视之为羞耻的；不要把性理想化，好像生而为人就是为了做爱似的；也不要再表现得好像一个两岁的娃娃，有需要一定要立即被满足，一刻不能等。如果你在性方面压抑自己，像个孩子那样对待性，性冷淡似的，你就不会对异性有吸引力。另一种情况，如果你在性方面不停表达自己，你就会像个父母不在家没人管束的放纵的青少年，没人会认真看待你，除非那些找一夜情的人，但这不是你要追求的。

不要叛逆，尊重当权的在位者；同时也不要把权威理想化，把在位者当作父母。你不必事事都拥护，有些事可以有自己的观点，在你的专业领域，你可以成为自己的权威，发展你的天分、兴趣爱好和事业。这些会让你变成有趣的人，其他人会喜欢约你，了解你——一个能与人互动、平等、有能力的成年人。

不论和谁相处，都视自己与其他人平等。即使你与某个人不能平起平坐，但你依然要视自己（作为人）是与他人平等的。例如，你尊重老板的权威，但是你也是自信的，不需要别人来肯定、安抚你。你和老板一样，可以有自己的想法和观点，你们彼此尊重。

在约会中经常有人把自己放在低人一等的位置，他们向对方"磕头"，仰视他们，凡事寻求他们的准许，赋予他们的病态权力来左右自己。这样不仅设立了二人之间糟糕的互动模式，而且让自己变得毫无吸引力。自信的人有吸引力，那是健康的吸引力；过分被动的顺服（不是内心谦逊而有的顺服）会使男人或女人失去吸引力，否则别人能够看到他们有趣的灵魂。

若有人像一个长不大的孩子，对于约会来说，是破坏性的；对婚姻来说，是毁灭性的（在我的《改变带来医治》一书中有更详尽的阐述）。你必须先处理这些问题，才能顺利约会，不仅是有约会可选择，还可以选得好。要想在与人相处时，不卑不亢与人平等，要解决下列的事情：

- 重新审视你的信念，决定哪些你要持守。
- 敢于和权威持不同意见。
- 用切合实际的眼光看待父母和在位掌权者。
- 自己做决定。

- 练习表达与他人相左的意见。

- 理清自己对性的认识。

- 让自己做与父母平等的人。

- 发掘你的天分。

- 努力实践。

- 认识到作为成年人所拥有的特权。

- 自我约束，有纪律。

- 对不好的事物说不。

- 出于自由（而非不得已）顺服他人。

- 做善事。

- 爱与自己不同的人。

随着你的行动，你将变得不再比某些人低一等，哪怕是被你想象成类似父母的权威角色。你也不会把你的约会对象，当作期待中的妈妈或爸爸。你的约会对象会欣赏你如此做，也会赏识你这个人。那么，当你健康的时候，会是什么样子？

- 你能与人做情感上的连接。

- 你尊重自己，有清晰的界限；人们知道你的立场和你想要的是什么。

- 你是真实的，对自己感觉良好，你无须完美或找到一个完美的人。

· 你有能力、有主见、有自己的天分，你不卑不亢，待
  人平等。

· 在性方面，你感到自在坦然，不会表现得像十几岁的
  样子。

当把这些呈现在一个健康的人面前，你们可能就会开始
约会；如果你忽略这些，可能没有人注意到你，或者虽然有
人留意你，但可能是你不喜欢的人。

第 25 章

不做分裂的人

　　瑞奇对约会倍感沮丧，向我抱怨说什么"世上没有一个好女人"，然后接着告诉我他最近的恋情又夭折了。我完全可以半路打断他，不让他讲出余下的故事。为什么？他约会的故事我已经听过了，从哪里听到的？听他讲的，而且好几次了。这是他所讲的自己的故事：

　　"我真搞不懂，我当初认识她时，她人又好又有魅力，跟她相处如沐春风，她赏识我，为我们在一起的美好时光而感恩。我无微不至地照顾她，给她买东西，带她四处旅行，把她捧在手心里。

"后来我发现，她有些事没有对我坦诚相告。她和前男友藕断丝连，不是说她还喜欢他，他算是她的生意伙伴，但是她没有告诉过我，她仍然和他沟通，频繁得有些不正常。

"但是时间久了，我看出来其实她追求物质生活。还有，我不喜欢她那么纵容孩子，不加管教。我后来发现，她好多事情都没有坦诚地告诉过我，她就不是一个坦荡正直的人。"他如此哀叹道。

"我们约会时间越长，她变化越大，她想说了算，按她的方式做事。女人都这样，交往一段时间之后，她们就变得自私。我真搞不明白是为什么。"

我听了直叹气，我曾经希望瑞奇约会能成功，他能得到他想要的——一桩美好的婚姻。他是个好男人，三观端正还有其他很多长处。但是可能我要费九牛二虎之力才能让他意识到自己的问题，而且是爬坡的那种费力。

瑞奇有什么问题？他为人处事不够平衡，所以他吸引到的人也不平衡。

从某种意义上讲，他所面对的问题是他自己造成的。他不是杰基尔和海德①，他是双重人格中的半个人。瑞奇是人猿泰山，他希望他的女人是珍。

瑞奇喜欢照顾女人。他会突然出现，好像人猿泰山，荡着藤蔓前来拯救，不论她们处在什么困境，他要做她们的英雄。凡事他做决定，他强壮可靠。"妥妥的'钻石王老五'啊！"女人们会这么想。

但是她们没看到，他不容许她们与他意见不一致或是有自己的观点。他不能对别人示弱，不能让自己显露出软弱或脆弱的一面。他刻板，一意孤行，但他会用魅力十足的"硬汉"形象来弥补自己的不足。他所吸引到的女人追求的不是真实的人，而是那种被男人狂风般卷起揽入怀中的感觉。

所以他们成了天造地设的一对儿，直到他看到这种被动、听话的女人的另一面。她有些滑头，有时不和他讲实话。然后，有一天，她会真的"演砸了"，怀有她自己的想法，与他想要的或看重的相违背。这样，从他的视角看，她已经"变了"，变得"自私"。"过去她一直是一个好女人，但看看现在成什么样子了！"

---

① 是英国作家史蒂文森的小说《化身博士》（*Strange Case of Dr Jekyll and Mr Hyde*）中的主角，讲述了杰基尔博士喝了自己配制的秘药分裂出邪恶的海德的人格的故事。书中人物杰基尔和海德有着善恶截然不同的性格，"Jekyll and Hyde"一词成为心理学"双重人格"的代称。

但是事实并非如此，她没有改变。当他们刚见面时，她只展现了一半的自己，隐蔽的另一半，有时会偷偷地、间接地溜出来，过了些日子，那一半的她会直接表露出来，比如她不听他的话，这时，他会大叫："犯规！"

他俩都得到他们"索要"的，她的顺从服帖，为她吸引来了一个"掌控狂"；他的掌控，为他吸引到了一个顺服的"小媳妇儿"，但她还有着隐藏起来的另一面，她不直接、不坦荡。这样的一对儿，事实上是共谋者，他们之间的矛盾早晚会爆发。

瑞奇和他的约会对象还有希望吗？当然有。但是有个前提，他们需要作出改变。他要放弃对全盘掌控的内在需要，学习与人分享权力，不再霸道地一个人说了算，他也需要示弱和暴露软肋，不再用大男子主义的面具掩饰这些。她则从一开始就不能这么迎合顺服他，而是要表现出自我掌控感，而非全然自我放弃，等着人猿泰山来拯救她。如果他们能作出这样的改变，就能吸引到更健康平衡的人，如果他俩同时实现这样的改变，没准儿他俩会喜欢上彼此。

所以，问题的关键是要解决你内在的人格分裂，人格分裂很常见，意思是你内心有互相对立的不同部分，还没融合成自洽的整体。这样的结果是，在任何一个时点，你表现出来的是部分的你，而不是整个的你。通常，"分裂"体现为走极端，比如积极对消极、感性对理性、缺乏安全感对自信或者刚强对软弱，中间是连续的过渡地带。如果你发现自己靠近其中一个端点，而没在过渡地带的话，那么你在约会中会吃苦头，会吸引错误的类型。

这个问题的另一种显露方式是，有人把两个极端都表现出来，但是在不同领域、不同人面前，比如，在特定的某一群人面前他们表现得脱俗有灵性，在另一群人面前则很世俗。如果你也是这样，是个两面人，那你和谁约会呢？不管约谁，那人只能得到一半的你。如果你选择以"混社会"的形象出场，那你脱俗的那一部分怎么办？你要永远做个"坏小子"吗？如果你喜欢的人，是个完整、不分裂的人，那没戏，他／她不会喜欢你，因为你只是"半个人"。如果你能把自己的两面整合，真实地出现在人面前，那你有大把的机会可以吸引到另外一个完整的人。所罗门是这样说的：

> 不要过分公义，
>
> 也不要太过有智慧，
>
> 何必自取灭亡呢？
>
> 不要过分作恶，
>
> 也不要做愚昧的人，
>
> 何必时候未到就死？

持守这个是好的，

那个也不要放松。

关于好的部分和坏的部分，相关教导出现在最后一节，"持守这个是好的，那个也不要放松"。瑞奇和他的女友都没有做到这点，她展现的个性完全吻合"人猿泰山"的选择标准，不表达自己的心愿和想法；他则是另一极端，二人相处，完全由他掌控。因为这样，他俩的关系发展不下去，分手之后，他们都很纳闷："为什么我总是被错误的类型吸引？"思考一下你需要避免哪些极端，怎样把两方面都带入交往：

- 你对圣洁和生命的渴望，你的不完美和曾经的失败。
- 你的强项，你的弱点。
- 你的成功，你的失败。
- 你的喜悦，你的挣扎。
- 你的才干，你的无能。
- 你的性欲，你的价值观。
- 你打扮靓丽，你衣着随便。
- 你与人连接交往，你的孤单寂寞。
- 你的"圣洁"，你的罪失。
- 你的独立，你的依赖情绪。

- 你的胜利，你的挫败。
- 你的自信，你的安全感缺乏。

你的人格分裂程度越深，你找到错误的人的概率就越大，或者你就越得不到你寻找的那一位。

为什么你会吸引错误的类型

除了因为性格上的"分裂"，还有其他原因使人们被错误的类型吸引。以下有几个例子，供你思考（更详尽的阐述，请参见《安全的人》一书，我和约翰·汤森德合著）。被错误的类型吸引，或是吸引到错误的类型，都不是偶然的。不要推卸责任，"认领"自己与人交往的模式，寻找原因。如果你那么做，就能找到那些原因，然后解决问题，改变你的模式。

- **没有能力判断对方的人品。**使用你的头脑和价值判断，加上倾听你的内心，基于对方的人品去选择约会对象。让你的心和脑同步运作。若仅仅基于感性就被人吸引，你就会被你的心愚弄；如果处于这种状态，你就不会理会大脑提供的人品信息。你可能看到足够多的迹象，提醒你要慎重或甚至快快远离这个人，但是因为你的

"感觉"，你会忽略大脑对你所说的话。

- **恐惧孤独和被抛弃。**若怀着一颗孤独的心，去挑选约会对象，你会被无法与人建立情感连接的人吸引；或者你感到急不可待，只要对方愿意，你就和人家交往，只要你能摆脱孤独，不管对方什么样，感觉一个"差劲"的婚恋关系比根本没有好。你应该在约会之外，多和一些好人接触，这样你就不会感到如此寂寞和迫不及待。

- **指望纠正过去。**在生活中，你曾经被伤害或某类人（经常是你的父母）令你失望，现在你仍然指望能改变那个人，能让那人爱你。所以你会被与他或她相像的人吸引，与他们互动，重演这类伤害，你希望最终能够纠正和治愈伤害。不幸的是，这些人也会被你吸引，因为你的运作机制和他们内心中的某些病态失衡的东西相合，他们像你的父母或者你生命中其他的重要人物——那些在过去曾经教会你做这个"游戏"的人。让过去的问题翻篇吧，饶恕伤害你的人，走出悲伤。然后放手，不再对那种伤害你的人有所期待，不再指望他们会给你不曾给过你、也永远不能给你的东西。与心理健康的好人交往，让你的需要在非约会、治愈的关系中得到满足，这样你就无须再守护你曾经的伤痛损失。过去已经过去。

- **没有面对自己的坏**。如果你不曾直面自己"坏的部分"，感觉你整个人必须"全部都好"似的，你可能会被"坏男孩"或者"坏女孩"的类型吸引。和他们在一起让你觉得完整，感觉自己可以通过他人表达出你心里坏的部分。不面对你自己的坏，你就不能接受自己身上不好的地方，就不会逃脱做坏人的罪恶感和恐惧；接纳自己的坏，得到饶恕，做真实的自己，这样你就不再需要找个坏男孩或者坏女孩。

- **合并的愿望**。为了找到你所缺失的部分，而与另外一个人"合并"，比如，如果你很被动，你可能会被一个富有侵略性和强势的人吸引，这会给你一种获得你所没有的东西的感觉；如果你总是妥协和迁就别人，你可能会被一个掌控型的人吸引，就像经典的依赖共生关系；如果你孤僻，还不得不"刚强"，你可能会吸引到粘人的、"有问题"的人。合并的动机是为了得到自己缺失的部分，所以你要发展你缺失的部分，或者你去发现并接纳其实你已经有的某一部分，这样你就不需要从别人身上获得和索取。

- **害怕正面交锋**。如果你不敢与人正面交锋，那些不喜欢正面冲突的人会找上你，仿佛有魔法引导他们一样。

但是，不喜欢正面交锋的人，不仅十分自私，还不能接受现实。他们活在否认中，没有能力解决冲突，和这样的人约会很无趣。你要学会坚定地、恰当地与人发生正面冲突，逃避冲突的人会迅速逃离，那些好人会找到你。

- **浪漫化。** 你紧闭双眼，不看现实，把一切都变成浪漫的幻想，你看不到你所喜爱的对象的现实情况。当你欣赏皎洁的月光时，你可以借着月光全面看看对方，想想他们的真实面目，琢磨清楚了，你也许愿意、也许不愿意久久流连在月光里。吸血鬼只在夜晚出没。

- **需要去拯救。** 作为一个拯救者，你需要找到有问题的人去帮忙，难道你要开着救护车四处救人，同时用这种方式去找个对象？你要学会在服务他人的情境下，而不是在约会的场景下，如此为他人付出。不要再去替别人解决问题，那些本来是他们自己该承担的责任和困难。让他人对自己的人生负责，你不需要和问题"结婚"。你的依赖共生行为模式需要得到医治和帮助。

- **熟稔的程序。** 你在人际关系功能不良的环境下，学会了不良的关系动力，比如在你从小长大的原生家庭里，你被"安装"了那样运作不良的程序。现在你要给自己"重装"程序，在能帮你疗愈的环境下学习，比如找个小组，学习健康的人际关系交往模式。

- **受害者角色**。你学会了逆来顺受，不论摊到什么事，你都认为在生活中、在约会中你别无选择。醒醒吧，接受眼前的现实，你不再是孩子，你有很多选项，不是必须接受不公平待遇或对你不好的人。

- **罪疚感**。没有处理的罪疚感会把你带到令你感觉到罪疚的人面前。找个地方处理你的罪疚感，你不需要每天都有人不断激起你的罪疚感，提醒你如何有所亏欠。

- **完美主义**。如果你要求自己完美，你可能会被有相似要求的人吸引，而且他们可能更是每天把要求完美挂在嘴上。这样你永远不够好。学习接纳你自己，如果约会对象不能接纳你，试着与他们共情，和一个不完美的人约会，他们该有多挫败啊！

- **否认痛苦和所感知的现实**。你也许已经学会视而不见，听而不闻；当你听到你内心微小的声音说这事不对时，你自我麻痹，当作没听到；或者当你的直觉说"这事感觉不好"，你置之不理，接着做你手中的事。找回你的感知和情绪的功能吧，"只有长大成人的，才能吃干粮，他们的官能因为操练纯熟，就能分辨是非了"。你要重新训练你的官能。

- **没经整合的性欲**。你的性欲没有和爱情、婚恋关系以及你的价值观整合，它在独立运作。这样你会被伪装了的性上瘾者吸引，或被那些没有能力与他人联结的人吸引，产生过分高强的性接触。把你的性欲和你的其他部分整合起来吧，这样你会吸引到完整的人。

人们会挑选错误的人，尽管看上去有多种多样的原因，但是真正的原因只有一个：没能成为一个完整的人。不论你否定了哪一部分的自己，你都可以把这些部分整合进来，面对这些事情，找个好心理咨询师、互助小组或朋友谈一谈。

当你解决了你的问题，在你的人生电影中，你不再需要一个坏人的角色了，因为你将拥有一个不同的剧本。如果你的影片不再是出悲剧，你就不需要一个坏蛋；如果它不再是部滑稽片，你就不需要一个疯癫的怪人；如果它不再是部灾难片，你就不需要一个制造危机的人；如果它不再是部低级、色情的惊悚片，你就不需要一个性瘾者。

当你生活中的健康的朋友治愈了你需要医治和成长的部分，你的外在世界会反映出来这样的变化。健康的电影总是需要好的人物！所以，随着你变得越来越健康，人们会找你试镜，出演你健康的生活中的那些角色！

第 26 章

照照镜子

在我带领的某一个研讨会上，有位女士举手发言说，她认为约会的问题在于，男人都是"外貌协会"的，只看重女人的美貌，十分肤浅。她说，她最近感兴趣的一个男人，对她没有兴趣，她猜测是因为她的体重。

她讲了没多久，我和听众们都听出她的怒气。她说道："男人的爱太讲条件了，我要找的是无条件的爱，全然接纳我这个人。我认为你应该重点教导男人们如何无条件地去爱。"

"你想要什么？"我问道。

"你什么意思？"

"我是说，你在找什么？你想结婚吗？"

"是的，我想结婚，想要个男人去爱他、和他共度人生，但是他要按我的本相来爱我，包括我的体重和其他全部。"

"好呀，下周一前我会给你找个丈夫，你能到这里来吗？带一个牧师来，下周我会为你预备好一个丈夫。"

"什么？你什么意思？"

"嗯，你说你想结婚，我有把握在下周前找个人娶你，所以请你到这里来，我们举办婚礼。"

"哦，啊，什么……我是说，会是谁啊？"

"我不知道，我会找到某个人，不要担心，我一定能找到的。"

"但是他会是什么样子？是谁呀？我不能是个人就嫁……你疯了吗？"

"为什么不呢？不要担心。我会找到的。但是为什么你不能是人就嫁呢？"

"这人什么样啊？你怎么知道我会喜欢他？"

我说道："为什么介意那些？我以为你没有任何要求，追求无条件的爱。你刚才说你想要一个对你照单全收、喜欢你的人，现在你说，你对你想嫁的男人有要求，你是说，你对你喜欢的男人不是无条件的？他身上也许有你不喜欢之处？

这听上去不是很无条件啊？听起来你心里有一定想法，有些你认为是可以接受的，有些是不可以接受的。但是你不许这位男士寻找合乎某些条件的女人。我认为这是双重标准。"

她听懂了，但是她有点想要发飙。她觉得，她对自己要找的人有要求是正常的，但是如果别人有要求，那他们就侵犯了无条件的爱的原则。这是赤裸裸的双标准，也完全不切实际！

其实，婴儿可以随心所欲、为所欲为，不管做没做有用的事，妈妈都始终如一地爱他们。他们是真正地被无条件接受的，但是他们快到一岁时，父母对他们的态度会有变化，开始为他们的行为立规矩、设界限，父母要求他们要达到一定的标准和期望，他们做的事情有些会得到认可，有些不会。生活已经不像他们刚出生时那样无条件了。

生活对我们有要求，上帝对我们也如此。上帝的爱是无条件的，但是他的认可和他的悦纳是有条件的。有些事他爱，有些事他恨，这是他的本性，上帝造我们也这样。

话说到这里，请不要误解我，我没有说，接纳各种不完美的无条件的爱不存在，那是圣爱（agape）的含义。圣爱，是任何良好的人际关系的基础，特别是婚姻的基础。但是想要拥有健康正常、双方都能享受的关系，那么就会有些双方都介怀的事情。你不能指望你可以为所欲为，懒散懈怠，行为不端，不顾家务琐事，外表邋邋遢遢，说话叽叽歪歪，不倾听别人讲话，你对和你说话的人不理不睬或是毫无同情心，以为人人都该像你妈妈，处处讨好你。人身上有些东西是有吸引力的，会使得大家喜欢这个人，另外一些东西则会让人生厌。我希望大家喜欢的不只是肤浅的外表。但是现实生活中，我们每个人都会喜欢某些东西，有所要求，包括上面故事中的那位女士。

放弃幻想，别觉得异性就不应该去找对他或她有吸引力的人，不管这个人怎么定义吸引力。你一定要意识到，你也认定了某些东西有吸引力，有些没有。这无可厚非，我之前讲过，人的品位是可以改变的，例如，某个人越是对各种类型的人敞开自己，这个人就变得越能在对方身上发现美好之处，他们会爱上那些优秀的品质。

这里我们要学的功课是：让自己拥有那些优秀的品质。活出你这个人本来的样子，把你的潜质都发掘出来。你不需要成为选美皇后，来吸引他人，但是我敢保证，如果你保持健康，身材不走形，你会更加有吸引力。这比某些虚幻的"理想人选"更有分量。如果你是个健康的人，你会在生活中更多地展现出自己来。男女在这方面都一样，都不能要求或期待自己所爱慕的异性，忽略不健康的外表、个人习惯或生活方式，像一位妈妈那样对待自己，柔声细语、毫无条件、无所保留地宠溺她刚出生的宝宝。

如果你身体健康，那就培养兴趣，发展爱好，做些服务群众的公益活动，这样的你比你整天"葛优躺"，有魅力多了。如果你的生活空虚无聊，同时却憧憬着异性爱上自己，为你神魂颠倒，那你快醒醒，面对现实。

所以，不要怒气冲冲，抱怨世间男男女女都在寻找能吸引他们的东西，你也一样，不然你去邮购一个对象或配偶，就该感到幸福美满。与此同时，你也不要相信麦迪逊大街宣扬的理想形象，以为你必须要像那个样子。女人们常常忧虑她们的容貌，她们忧虑的事情有一半是只有女人们介意的，而男人根本无所谓！

好男人寻找真实的发出天然美的光芒的人，他们眼里女人的性感来自女性人格的光辉、坚强、幽默、活泼、高尚以及其他，这和满分身材没有多少关系。健康的男人寻找的是，两个人能来电，还有女人对他敞开的态度，仿佛在说："我喜欢你，我不厌恶男人。"

另一方面，确实有些男人寻找那些难以追到手的满分身材的女人，但是那些男人你本来也不想要，他们追逐那种有着理想的完美形象的女人，为的是要掩盖他们众多的问题，让他们到时装秀的后台去找他们理想的模特儿吧。然后他们会发现，这些女人不像修过的图片中那么完美，而且她们大多数太瘦，需要再增重 9 千克。另外，我还要再列出来一项，它不会随着年龄的增长而消减，也不会因整容而加分，那才是好男人在寻找的：女人真实的人格魅力，不是某类外在形象。但是女人要想展现她真实的人格，就不能把自己的人格掩藏在诸多的健康或个人问题之下。

女人心目中有吸引力的男人，不非得是财富 500 强公司的 CEO。如果女人有这样的需要，她们可能是在寻找内心所缺失的某些东西的象征。她们真正需要的男人是个有力量的人，他有着源于品格的真实的强大，他是个主动的发起者，他了解自己所要的、所想的和所信仰的。如果他的热忱和力量能在交往中向她展现出来，她通常不会介意他有没有成就。他的主要成就应该是源于他的品格对她的自洽的挚爱（参见第 21 章《拿出男子汉气概》）。

所以，虽然你不需要样样完美，但是弄清你是谁很重要。己所欲施于人！如果你希望你的另一半能吸引你，那不要努力去寻找那个人，你下功夫的焦点应该是成为那样的人。这和找工作类似，为了找到梦想的工作，你要预备把自己变成"可聘用"的人。你要重塑自己。

当莉蕾开始认真调整约会时，她正视现实，当时她的身材有些过胖，不如以前正常体重时真实、健康的她那么有吸引力，于是她参加了一个训练课程，体重减了 13.6 千克。她意识到自己已经滑入生命停滞不前的低谷，不健康的身材也是这样的生活的一部分。

这是众多类似实例中的一个，我见过很多男人和女人，在转变约会状况的同时，开始认真重塑整个人生。他们清醒过来，不再认为即使他们没全然活出天生该有的样子，但"天经地义"就该有人喜欢他们、想要他们。看到一个人开始关心他或她的生活，变得更全面，更完整，这是令人兴奋的。如果我这个约会教练和他们的家人朋友注意到并喜欢这样的变化，那些潜在的约会对象当然也会看在眼里！

接下来，如果你准备好了挑战难关，请不要孤军奋战。把自己交到那些坚定的支持者手中，请他们坦诚地告诉你，你哪些地方不吸引人：

- 品格。
- 习惯。
- 个性。
- 精神生活。
- 外表。
- 衣着时尚或落伍。
- 时间或生活的自我管理。
- 自我防御。

- 与异性交往。
- 健康习惯。
- 财务习惯。
- 对人生、职业、梦想和潜力的追求。

也许现在是你该"改头换面"重塑形象的时候了，这不是肤浅的追求，而是去实现上帝造你的所有潜力，内在、外在都活出上帝的设计。所罗门在《雅歌》中表达出对容貌吸引力的欣赏："我的佳偶，你甚美丽，你甚美丽！你的眼好像鸽子眼。我的良人啊，你甚美丽可爱！我们以青草为床榻。"

所罗门对容貌的吸引力和美好进行了描述，也对品格作了很多细致的描述，他更看重品格和内在美，超过对外在吸引力的看重。整个人都重要，当你这个人逐渐变得像你该有的样子，自内而外，你会变得更加有吸引力。

这也是好多人担心忧虑的地方，特别是当今社会。何为美没有一个绝对的标准，萝卜青菜各有所爱，每个"西施"都有"情人"匹配。你的工作是，做最好版本的"你"。我做婚恋辅导很多年了，据我的经验，大家常犯的一个错误是，没有意识到他们人格的吸引力，却把注意力放在外表上。

男人们，如果你主动、果决，并且温存和体贴，再加上幽默感，那你会比众多男生出色，然后，请你开始健身改善体型吧，腰间的"游泳圈"永远不会给你带来回头率。但是，也要改善内在，让自己变得内心强大和富有同情心。学习如何去倾听，但也不要事事表现得柔软，好像她可以掌控你。

女人们，不要变得喜欢掌控或强势得令人窒息，因为在他的头脑中那等同于"像他妈"，男人是要"离开他们的妈妈"，与他的女人结合。如果你表现得像个妈，他会离开你找个不想掌控他的人；你应该敞开、独立、温暖以及不加苛责地欣赏他，但不至于奉承谄媚。另外，他还想找个真实的人，他有错时，你也能诚实相待。如同女人想要男人能坚持自己的立场，一个好的男人希望女人坚定但不操控他人。

最重要的是，如果你只是因为他们是男性，你就看不惯，那请你解决这个问题，他们不希望仅仅因为他们是男人，而不被喜欢，他们希望那是一个加分项！很多女人对男人有微妙的鄙视，这是一个她们从未意识到的问题，它以一种看不见的方式流露出来，并让她们在约会上止步不前。

研究表明，男性和女性都有趣！每个人都有他或她的幽默感，因人而异，有人是班里的开心果，有人幽默得微妙，有人玩冷幽默，有人像谐星。幽默发自内心，是你觉得有趣的东西。吸引力研究的结果表明，要一直把幽默感列在前面，幽默是一个吸引异性的重要品质。另外要记住，不良习惯和焦虑怪癖让人生厌，所以，如果有这样的问题，找地方处理好。

　　最终，人们找对象要的是真实和诚恳。做你自己，但要确保你是优秀的，你希望你梦想的对象找没素质的人吗？你不希望他们找你，好像在做慈善！你希望，他们感觉能和你约会像中了彩票。要做到这一点，你无须去整容或是作秀，你只要健康、刚强、热心、开放以及生活充实满足，你的优秀会流露出来，并且非常性感！

　　想象一下你希望和什么样的人约会，问你自己，那个人想要和什么样的人在一起？这是你的行动方向。

第 27 章

荷尔蒙：释放还是收敛

菲丝惊惶失措地打电话给我，她正在参加一个大型会议。那时我做她的约会教练有几个月了，她不再像以前那样宅在家里，她现在肯出去结识新人，个人有些成长。这个会议有很多单身男士参加，事前她感到挺兴奋，但是她没料到，到了现场她被吓到了。

她说："这里有很多的男生！我要吓死了，我需要一些安抚，我想逃回自己的房间，下单买 10 个比萨，看电视，躲起来。但是另一部分的我，好想出去看看外边会场是什么情况。

快告诉我该怎么办，救命!"

我们谈了她紧张的原因，谈到她要头脑清楚、要降低风险和要玩得开心。"按照原定计划执行。"我一遍又一遍地这么告诉她，"要开心，不设期望，没有要求清单，不是要找丈夫，不是要求结婚，只是寒暄几句。玩得愉快加上多多结识新人。留意你自己什么情绪感觉等。"

我们聊得不错，她甚至满怀期待，要去参加其中一个聚会。

然后我问了她一个问题，"你穿的是什么衣服?"

"怎么啦?"她问道。

"随便问问，是什么呢?"

"哦，没啥特别，只是牛仔裤和衬衫。"

"什么样的衬衫?"我问道，我心里有些猜疑了。

"运动衫一类的。"

唔……我开始琢磨，"发型呢?"我更加怀疑了。

"我就扎了个马尾辫，因为我戴了顶棒球帽。"她说，"这里挺随意的。"

"打住，"我说，"你穿着牛仔裤、运动衫，戴着棒球帽，去见男生们?"

这里我要说明一下，菲丝这样穿着没有问题，很多女人这样打扮，她们自然、吸引人并且性感得体。但是我了解菲丝，我见过她这身打扮，让人无法看清她的真实面貌，这么穿更像在躲躲藏藏。

她说:"这里气氛很随意,有什么不对吗?"

"你在躲藏,这是不对的,你尽量让自己看上去不像女人,这样就不会被拒绝。只要这个策略奏效,就不会有人注意到你的存在。你为什么躲藏呢?"

她先是回避这个问题,我们谈了一会儿,她承认是在躲藏。她也想过不这样穿,特别是不戴帽子,但是当她一这么想,人就变得很紧张。于是,我们深入讨论了这个情况。

我问她想要什么,有什么渴望。我问她,当她触碰到自己的某些渴望时,有什么感觉,那些渴望指的是,对和一个男人恋爱的渴望、对浪漫爱情的渴望、对亲密关系的渴望、对婚姻中的性爱的渴望,以及上帝放在她里面的其他所有对好的东西的渴望。随着她谈起她的这些渴望,她感觉自己活过来了,感觉更有能量。但是她很害怕。她不仅怕被拒绝,也怕她自己的感觉本身。她把她的感觉及渴望与不道德画等号。因为这种念头加上害怕被男人拒绝,她让自己完全"无性别化",对谁都没有吸引力。

"马上回到更衣室!"我命令道,"让你的秀发披散下来,穿上能让人认出你是女人的衣服,释放一点性感魅力!不要再躲藏,你是女人,现在就出去到人群中,做个女人!"

于是她照做了,结果出人意料。她忍着恐惧,逼着自己

突破自我，有所成长，她体验到了和男人之间不一样的互动
状态，她甚至还"触犯天条"与男人调情！不是什么有伤风
化的方式，而是作为一个女人和正派男人聊天，说些有思想
又好玩的话，她的轻松幽默让男人们感到自在舒服，她做她
自己，在她身边，那些男人也能做自己，好像在自己家里一般。
他们享受这样的陪伴。这事之后，很快，男人们对她另眼相看，
经常有人约她。

解除束缚

上面所讲的不是孤立的情况，我最近和一群单身团体带
领者一起吃午饭，他们参加过我在这间大教会举办的研讨会。
我们正在谈论约会，其中一位女性说道："我们那里教导'不
要约会'，非常怪异。他们还说结婚以后，情侣才可以接吻。
我有个朋友，和她的男朋友都持守这个要求，他还是这个教
导的主要倡导者，大家觉得他十分棒。她嫁给了他，现在感
觉自己好像活在噩梦里。他们结婚以后，她发现了他所有的
教导其实是个掩护，遮盖他性方面的问题、安全感的缺乏和
很多怪异的性方面的思想行为。她痛苦心碎，说："你知道，
我不主张婚前性行为，但是我不停地回想，假如在我们订婚
之后，哪怕我亲吻过他，我也能立刻知道他有问题。"

问题的关键点不在于接吻还是不接吻，由我们的讨论引发的实际问题比亲吻严重得多，席间这些单身的领袖们很清楚，我也一再地遇到这个问题。以纯洁、守贞和道德为名，许多单身人士们已经被"阉割"了，变得没有性别。他们经常被压抑，过分保守，结果他们实质上处在"性发育之前"的发展阶段，心理学家称之为"潜伏期"。换言之，出于对性的恐惧，让他们倒退到了"前青少年期"，他们的感觉和行为像 12 岁大的孩子，而不是像度过了前青少年期的成年人那样对性有成熟的了解。我们知道，人要是切断与性的连接，就会关闭约会的大门。

当性被如此负面地强调时，人们会对性产生恐惧，切断和性的连接，性则从他们人格的表达中消失，他们不再对异性有吸引力，因为他们消灭了性的活力。这样他们和异性也不来电。他们的着装脱去了性的表达，他们的言谈把性驱逐出去，他们的讲解把性遣散。于是他们就把性剥离出去。

有些人的问题恰恰相反，他们本来就对性有恐惧，听了这样的教导，就更加害怕了。他们因为曾经被虐待、原生家庭的关系不健康或过去受过伤害而恐惧，现在这些教导强调性的破坏力，完全契合他们的恐惧和经历，于是他们更加封闭自己，不寻求医治，不去拥抱他们的性别，而是把性从他们的生活中斩除，还视之为"敬虔"。

　　还有一些人，面临另外不同的问题。他们以前在性的方面过于活跃，有性冲动的倾向，并且有把性冲动表现出来的风险，他们可能有性瘾或对罗曼蒂克幻想上瘾，于是他们采取一个严苛的道德立场，严加防备，不让性欲爆发泛滥。他们害怕得要死，怕自己再有性的感觉，担心会把燃烧的性欲付诸行动。那就像是把一瓶好酒放到酒鬼鼻子底下，要当心，他们没有自制力！

　　所以，压制性欲有两方面的成因：一方面，有些人在性的那部分没有和自己连接，他们压制自己与性相关的一切；另一方面，有些人压制是为了控制自己，不让性欲泛滥。这两类人都为自己定下严苛的戒条，希望生活能平稳持续下去。但是活在恐惧中的人，无法成长，无法变得成熟或有自制力。

　　如果某个人在性方面处于一个不成熟、未经整合的状态，那他或她既称不上圣洁，也没有预备好开始真实的恋爱关系。把"无性状态"当作生命成熟的象征，这一理念对单身们没有帮助，却会在很多方面伤害他们，阻碍他们展现天然的吸引力，导致性与他们人格的其他部分割裂。当他们与异性交往时，性的部分和其他部分不是一体的，乃在独立运作，就会表现出多种问题，比如无爱性行为、恐惧和某些机能失调，等等。

　　性，需要整合到一个人的人格中，应该连接你的整个

人，它应该体现在真实的生活中，不是被打入冷宫不见天
日。如果你有不好的性方面的经历，请找个心理咨询师，帮
你疗愈。在着装上不要遮掩你的吸引力，培养自制力，不要
放纵性欲。

**我不提倡放纵性欲，我提倡把性当作自己的一部分，接
纳并享用它。**

有个女人这么说："我不能再拴着自己身体里面的野兽，
必须松开它，我曾经完全切断了对性的感知，这是我吸引不
到男人的原因之一，当我与自己连接上了，事情开始改变。"

另外一个女生珍妮，运用这些原则，取得了很大的进步。
这之前，用她自己的话讲，在她人生的头 32 年里几乎没有约
会过。她的妈妈令她对性产生严重的罪恶感，她完全逃避面
对自己性的这部分。32 岁了，没有对象、没有约会，她来找
我辅导。我告诉她，她要首先看到，她不能吸引男人是因为性，
这吓到她了。她回想有一次在读高中时，有个男孩要和她吻
别道晚安，她都快吓死了，这基本终结了她的性接触。

我们开始进行辅导以后，她渐渐能面对她的性别，接受
她人格里性的部分，穿衣也不再掩藏她的吸引力，她不再逃
避。之前，她与男人互动时，她会避免让自己看上去有女人味。
本书教程中"每周约会五个人"的步骤，她遵照执行，对所
见男人不设要求清单。此后，她仿佛苏醒过来，处理了自己

的恐惧感，慢慢地她开始与她身体里面性的部分连接上了。以下是她写给我的，描述她从对性"锁闭"到重启新生命的历程：

"我是在高中一二年级之间的那个夏天进入青春期的，我开始注意到足球队的男孩们，我当时不再仅仅把他们当作队友看。当我意识到我有性的感觉，我立刻为我的性欲感到羞耻，那是种美好和恶心混为一体的感觉。

"我不是很有女人味，妈妈时不时旁敲侧击地问我的性取向；当我觉得自己漂亮的时候，我爸爸会全神贯注地盯着我看，我一直觉得他看我的眼神不对劲，他应该那样去看我妈妈。在这样的成长环境下，为了安全起见，我选择了中间地带——我是女人但没有女人味。我的心有一部分本来是活着的，渴望约会、结婚、与男人亲热（身体上和情感上的亲密），但是我把整个这一部分的心切掉了。于是，大多数时候，约会和结婚的想法令我觉得恐怖和恶心，而不是值得渴慕向往的。

"单身生活感觉危险少些，也很有趣，等到朋友们开始约会和结婚，我的心才开始'醒过来'，开始渴望亲密关系，那是我以前没有过的渴望。

"我看到索尼娅和安迪（她的朋友）恋爱关系日益深入，我也看到我对亲密关系的恐惧，我的心已经死掉了，不再有与男人相爱的健康的向往；我也看到，恐惧如何阻拦了我接受医治，让我无法复活在 15 岁那年被我掩埋起来的那一部分的心灵。我站在这个节点上，我不想再做死人，这固然有风险，但是我想做个百分之百的活人，丰满地活着！

"索尼娅和其他朋友使用你讲的这些原则收到成效，于是我决定'走出去'，通过注册婚恋服务网站结识男生。我花了大概一个月的时间，完成注册，开始沟通交流。毫不夸张地告诉你，有好几周，我登陆之后，感觉好像要被吓死了，几乎要呕吐出来，还没等和任何人打招呼，我就下线了。

"最终，我经过努力，开始在线上与男人交流，然后电话沟通，直到和一个从纽约飞来的男生见面。当我的网上服务到期时，我换了一家机构，当这家的服务期满时，我还没找到'一生所爱'，但是看上去至少'男生遇到女生'的事在正常进行中。

"我真的在约会……我没有逃跑！

"还有一件很酷的事，二月份的时候，我的一个朋友帮我牵线，介绍她通过工作结识的一个男生给我认识。我已经战胜了心里很多的恐惧，对我内心的欲望有足够的意识，所以我能够当场毫不犹豫地回答她，'好，我很愿意结识他。'

"我们见面了，相处愉快，然后我们接着交往、互相了解。我依然对很多事情心怀恐惧，但是我现在不躲藏，与之相反，我诚实面对自己的恐惧，在这个过程中，也请朋友帮助我，走一步是一步，留意我的体验及和他在一起时自己的感受。我单纯享受这个过程，信任正确的原则，让监督小组来负责风险控制管理。

"我不知道我们的关系会有什么样的结果，但怎样的结果我都接受。我在'练习'做我们称之为约会的这事儿，而且很高兴可以这么做。有时很费力，但是，这事值得去做。能丰满地活着，值得。"

我为她的故事感到欣喜，这验证了我们本书所讲的，她通过对自己的问题负责和付诸行动解决问题，让自己脱离了停滞不前的状态，灵性成长变为现实，并在约会上结出果实。

收敛并控制性欲

有的人在约会上有问题是因为相反的原因，他们不是与自己的性别失去连接，而是在约会中只想到性。他们的约会以性为主导，把自己的其他部分都藏在性里面，就像珍妮把她的性征和女人味藏起来一样，他们把性理想化，或者把性视为男女关系的全部来对待。

当男人把女人看作性的对象，忽略在关系中了解另一个人这一层面，男人会这样做。他们把约会看成通向婚姻的途径，这样他们最终可以合法地性交，那是他们被女人吸引的唯一基础。他们忽视对方的人品，忽视他们自己需要学习如何与人深层交往，他们为自己和所约会的女人挖好了注定会失败的陷阱。

这样的人在约会过程中，会有很多不得体的性表达，他们不把焦点放在两人的交往上，去认识另一个人，去了解对方的价值观，也没有随着更加了解对方而更加有责任感，性爱经常是他们约会的一部分。这在下面几个层面会破坏他们的关系。

首先，这阻碍他们看到真实的对方。性是强大有力量的，当没有什么能把两个人维系在一起时，性能做到。这样会导致其中一方或双方意识不到，他俩的关系除了性爱之外，一无所有。随着他们的身体结合为一，他们在灵魂的层面产生了非常痛苦的彼此依附，他们以为两人相爱，其实只有性。最终，他们发现了真相，这个与他们共枕的人，并不是他们想共度一生的人。但是，他们把自己的身体已经全部给了出去。

第二点，他们更进一步地把爱和性割裂。他们上床，还没有到爱对方要承诺一生的程度，就付出了百分之百的身体，而人的其他部分的付出，则不足百分之百。这样从人的定义上讲，他们的心、灵魂、头脑和生命与他们的身体分裂了。

如果后来他们全身心地爱上某个人，经常会有这种情况出现，他们的性没有与爱连接，在这种性与爱失去连接的状态下，他们新的恋情会遇到麻烦。有时他们所爱的人不能满足他们——只有脑中幻想的对象能满足他们，爱和性是割裂的。

所以，如果你想要与对方上床，但没有得到对方共度一生的承诺，那么你要坚持守住你的身体，不要在肉体上结为一体，直到你们的人生通过婚姻结为一体。如果你不等，你可能与一个你并不了解的人结婚，因为你们之间性交的欢愉，阻碍了你去了解对方这个人。正如保罗所说："……你们成为圣洁之人，远避淫行，要你们各人晓得怎样用圣洁、尊贵守着自己的身体，不放纵私欲的邪情……"

不要因为这样的词句，就以为保罗所说的是宇宙中的扫兴者，是他发明了性，他想要的是你和配偶能享受鱼水之欢，为此，他想要你的性与爱是一体的。所以，请把这样的要求视为保护，这是要保护我们；请视之为健康的要求，看重这样的保护。

另外还有一件更重要的事要说，很多女人献上身体想以此换取男人的喜欢，她们觉得，如果和男人上床，他就会爱上她们，她们最终会得到她们所需要的爱。事实上完全不是这回事儿，如果一个男人爱你，他会等你。实际上，如果他不需要等待，你可能无从得知他是否真的爱你。而且大多数时候，他们会在与你上床的过程中，失去对你的尊重，他们想娶一个不那么"容易"到手的女人。

你最好在你嫁他之前搞清楚他有没有自制力，而不是等到结婚以后再去了解。如果他现在不能等，你有什么能担保他结婚以后，有能力延迟满足，不是随随便便想睡就睡？你如何知道你可以信任他？（或者反过来，是女人迫使男人上床）遵照自己的价值观生活，婚前有节制，这些能表明一个人是否有适合婚姻的品格。

对男人来说，性让他们感到头脑混乱，性阻拦了他们看清楚他们所约会的女人是谁；性对男人来说是如此令人心满意足，以至于男人除了性之外，就没有注意二人关系本身的质量如何。如果没有性，他对她这个人一无所知，性会让他盲目，会选错了女人。如果他们之间没发生性关系，这会迫使他审视她的性格的好坏，以及他们之间的关系，他可以因此判断他是否真的想和她在一起。

所以，你要搞清楚他或她是真心爱你，还是只爱你的身体，也要搞明白他们的人品能否支持他们践行所信奉的价值观，如果不能，你要警惕。

结清旧账

所以，不管你是应该释放自己的性欲，还是需要收敛、控制性欲，这样的改变都是为了能开始约会。约会是去认识和了解某个人的一个时段，会经历正常的性的感觉和吸引。但是，约会阶段是要全面了解一个人，不能一头栽进性里面。任何一个极端都有问题。

如果你太过压抑性，或是对性太不严谨，那请处理这个问题。像珍妮那样，找一个咨询师帮助你；还可以效法某些人，参加一个互助小组；找一群好伙伴、讲出来处理一下；学习了解性的重要性，把性放在婚姻中较高的优先位置；如果你过去有性方面的问题甚至被性虐待过，要寻求医治，得以疗愈；也有这样的情况，如果你曾经被当作一个工具对待，你要么失去和自己性的部分的连接，要么至今仍然容许别人当工具使用你，那么你要找个好咨询师来帮助你。

如果你在约会中曾经有活跃的性生活，你可以接受饶恕，洗净你的罪疚感和失败感。你只需要开口祈求，然后重新开始。如果你这么做了，约会就会变得清晰得多。

不论怎样，让性与整个的你融为一体，包括你的价值观。之后，作为一个完整的人，你会更容易找到一个值得拥有的对象。

第 28 章

孤单寂寞者不宜约会

迈克执意要找个妻子，他花了大量时间和精力去寻找。他认为他对婚姻的强烈渴望是健康的，他想，"得着贤妻的，是得着好处。"

可是他的执着对他的生活产生了三重影响。

第一，这样的执着破坏了他的约会。他的约会毫无乐趣，能约到的人越来越少，他把每个约会对象当作结婚人选来评估，他无法把女人当作要去认识和了解的一个人来看待。他在寻找一个不存在的人的过程中，迷失了自己。

第二，他没有在成长，没有变成一个他需要成为的那样的人，既没有找到合适的人，也没有成为别人合适的人。他全然专注于找到"她"，而忽视了自己的生活，罔顾他需要改变和成长的领域。他却没有意识到他的人生已经停滞不前，只因他想找到"对的那个人"。

第三，他的生命没有变得成熟。结婚已经成了他的追求，在生活中，他拥有令他满足和享受的关系，有朋友、工作和生活的热忱等诸多美妙祝福，但是和结婚的欲望相比，这些都黯然失色。他的生活充实而忙碌，他心里却因没有找到"对的那个人"而感到空空如也。

忽然有一天，一件不寻常的事发生了，你可能会觉得匪夷所思，但确有其事。有个礼拜天，迈克去了一个新的聚会场所，他站在大堂，有位老先生走过来，作了自我介绍，又说道："我有些话想和你谈谈。"

迈克不知所措，于是他说："好的，给我您的电话号码。"那个男人给了他，迈克说会打电话给他。

迈克到家之后打电话给聚会里认识的一个朋友威尔，告诉他所发生的事。

"那个男人叫什么名字?"威尔问道。

迈克告诉了他。

"不论你怎么想这事，但你一定要去找他。他不经常那样，但是每当他那么做，人们对他所言都言听计从，他说得很准确，在这方面很有声望，我们都非常信任他。你去听听他对你要讲什么吧。"

迈克从来没经历过这样的事，他十分惊讶，但是他信任他的朋友，于是给那位老先生打了电话，见了面。

老先生说："停止你的寻找，当你的妻子出现时，你会知道的。"

迈克震惊了，这个人怎么会知道他在拼命地找老婆？"当你的妻子出现时，你会知道的"，这话什么意思？他有一大堆的问题，但是那人说他很抱歉，除了他所给的信息，再没有什么可以说的了。然后，他就离开了。

这次会面改变了他的人生，迈克停止了"猎妻"的行动，而是深化了他的生命，用心生活，开始约会但不那样偏执。他感受到约会又变得有趣了，这样过了一年，他经历了深刻的生命改变、个人改变和成长。如果他没有放弃"猎妻"行动，就永远不会经历这些。后续的故事你可能猜到了，当她出现时，他认出她来，现在他们婚姻幸福，她不是他以前要找的类型，和他与陌生老者见面之前寻找的类型很不同。

现在，我要和你讲讲这个故事的细节，以防你由此产生错误的认识，对我说什么："看，我不需有任何行动，配偶会自然而然出现。"迈克经历了我在本书中所讲的过程，他放弃猎寻配偶式的约会，把约会视为·个可以享受的活动，他学习了解自己和他人，他深化自己的生命，他专注于过一种平衡、知足和充实的生活，他勇敢面对生活中的问题，他努力执行我们所谈的这个约会原则。

他娶的女人是他在聚会里遇到的，他积极追求，冲破重重阻碍得到机会和她见面。他不得不十分努力，才有一线生机，他得追求她，他需要"种"才能"收"，他必须积极主动（参见第 21 章《拿出男子汉气概》）。所以，不要误以为你不用动。

如果结婚是你生活中的唯一目标，那你很可能还没准备好。你需要考虑下面几件事：

- **你对目前的生活感到知足吗？**如果不知足，那你还没到结婚的时候。婚姻是严肃的恋爱关系，是两个健康、知足的人走到一起，"二人成为一体"。如果他们各自不是"完整"的人，就没有"合二为一"。如果是半个人与半个人合并，希冀找到完整的话，你要记得，很有可能，1/2 乘以 1/2 等于 1/4。如果你以不完整的自己进入约会，结局还不如单身。

- **你在寻找恋爱关系来终结孤单寂寞吗？**如果你是这样，你的愿望实现不了。首先要治愈你的孤寂。想要进入一段关系时，你一定要有一颗充盈的心，空虚的心不行。你要让自己与人相连接的需要，在一帮朋友的群体中得到满足，否则，你选对象会是出于对他人的依赖和未得到满足的需要。如果你那么做，你的判断力会被你的需要阻碍，你更容易作出错误的选择。

- **你期待婚姻为你带来什么？** 如果你生活得不开心，希望婚姻会给你带来幸福，那你错了，不开心的人进入婚姻会产生不开心的婚姻。如果你以为婚姻可以治愈你的抑郁和空虚，我告诉你，婚姻做不到。抑郁症和内心空虚是病，需要心理辅导、心理治疗以及生命成长。先解决这些问题，然后考虑婚姻大事。不然，婚姻只能让问题复杂化。我建议大家还需要处理另外一些问题，比如安全感、恐惧、自我感觉恶劣、感觉不被爱，等等。先解决这些事情，当你不再需要婚姻来弥补时，你再考虑结婚。

- **你视婚姻为罗曼蒂克式的梦幻或是其他类型永恒的幸福吗？** 如果这样，你必须梦醒过来，现实地面对婚姻，婚姻是两个不完美的人，承诺彼此相爱、互相成全、共同建造美好，所以仔细看看这些词语——"**两个、承诺、成全和建造**"。它们都要求吃苦、努力和推迟满足感，还包括其他痛苦的建造品格的经历。那些经历所结的果实将是非常美好的。当爱得以建立，它是件大好事，但是你需要付出努力。在进入婚姻之前，你对此要有个切合实际的看法，这很重要。

- **你认为婚姻会让你的生活改善很多吗？**虽然婚姻确实能让很多事情变得"好起来"，但是我们不该把婚姻当作改善生活的手段。如果你生活中某些事情不好，那就处理搞定它。单身也要把日子过好，要有生机勃勃的日子。其实大家想找的结婚对象，都是日子过得好的人，没人想成为别人脱离困顿生活的救命稻草。

- **你想为了证明你行而结婚吗？**有的人结婚是为了证明他们有人要，他们与我们的社会合拍，或者他们为了其他外在考量而结婚，比如，为了不落伍或为了让家人高兴。婚姻不会让你感觉"自己还可以"，或是让你感觉不那么格格不入。婚姻不是解决方案。婚姻是一个改变你生存状态的决定，会带来从单身到已婚以及很多其他的变化，但是它不包治百病，你要对症下药。

底线是这样的：如果你"一定要结了婚"才能感觉好，才能拥有一个充实、满足、有目标的人生或是达成其他愿望，你最好认真审视一下结婚这事。先过上充实的生活，先得到疗愈，先治愈你的孤独。简单地说，学会过好充实的单身生活。人能为婚姻所做的最好准备是，成为一个完整、健康不需要结婚的人。然后你才能出于对的理由而结婚，不是因为你"需要"结婚，而且因为你"想要"结婚，结婚于你而言是件智慧的、正确的、恰逢其时的、注定要做的事。

最好的配偶和最有吸引力的单身，是健康地过着充实生活的那种人，别人想和他们共度这样的人生。没有人想成为别人的拯救者，让婚姻来救对方脱离糟糕的生活。你觉得那会吸引人吗？

所以这是一个很大的悖论，不需要结婚可能意味着你有更多的机会结婚。丢掉你的偶像，接受为你所预备的。

第 29 章

关闭自动驾驶，启用手动驾驶

　　翠茜对约会深感失望，我很清楚原因何在，我只是不清楚为什么她自己不清楚。她抱怨说："男人都不肯承诺。"我认为她已经形成了一种固定模式，吸引那些不肯作出承诺的男人。

　　她是这样做的，每当她遇到一个喜欢的男人，就会和他约会，因为她魅力十足，他会马上喜欢上她，执着地追求她；因为她根据男人对她的想法来界定如何呈现自己，她会助长他的迷恋，她自己被追求的需要也因此得到满足。这一切来得又猛又快，他俩放弃了很多人和人之间该有的界限，走得太近、太快。她也知道自己"沦陷"得太过迅速，但是幸福和兴奋的感觉，屏蔽了所有的担忧。

几个月之后，她开始爱上他，事情就会有变化。那个男生会慢慢抽身，电话不再打得那么频繁，找借口说什么"有很多他必须完成的工作"。她感到伤心、被忽视和被抛弃。一开始，她会噘嘴表达不开心，接下来她会直接抗议他的所作所为，他会把她看成又一个"掌控型女友"，抗议并反击她的言行。她想和他在一起，就屈服于他，虽然她并不快乐。

很快，他会提出分手，说："我真的喜欢你，但我不爱你。"这样的话她听过无数次了，于是，她下结论："男人们都害怕作出承诺。"

在我看来，她的模式弊病很明显并容易改变，如果她能看明白，她就能够解决其中的问题。我的工作是帮助她看到，她和男人关系的失败不是偶然现象，而是她所造成的，她也参与其中，而不是"摊上事了"，不是被动的遭遇。如果她能看到，在关系的初期，她对喜欢的人不总是倾向作出太多妥协，就可以坚守自己的界限，不令男人窒息，即使他"索要"她的妥协。

既然她是和没有界限感的男人一拍即合的那种人，她吸引他们，像磁铁一样。大多数界限感不强的男人的约会模式如下：强劲地开始，然后拉开距离，以免被女人"闷死"或是被掌控。如果她从起初就维持 个健康有序的生活，那么她不仅和这种男人会有不同的结果，而且会吸引到完全不同的男人。如果她为人处事有界限，她更可能吸引到有界限的男人。

虽然我无法解释人和人之间最初的来电反应是怎么一回事，我知道内在动力关系互补的人似乎互相吸引。不要问我后面的原理是什么，我知道他们是这样的。一个酗酒者的女儿会被一个酗酒的人吸引，从一屋子健康的人中挑出他；酗酒的男人会在一屋子的女人中接近有依赖共生问题的那个；妥协型的女人不需要借助心理测试，就能找到掌控型的男人，她需要的唯一测试是心里小鹿乱撞和元气满满的感觉。

当人们处理并调整这些固定模式之后，他们不健康的互相吸引会得到改变，实际上，不健康的吸引和被吸引会消失。为什么会这样？有很多复杂的原因，但是其中有一点我们知道，健康的模式似乎是后天养成的，当人们发展出健康的模式，他们不会倒退回去。有个比喻可能很好地帮助我们理解，一个对垃圾食品上瘾的人，一旦他改变了饮食习惯，他就会对油腻的快餐失去胃口，他的口味改变了，他真心喜欢吃蒸蔬菜。

先解决你的问题，之后，那些曾经让你连连回头的掌控狂们会令你觉得大倒胃口。那么如何能做到？了解你的模式

从而避免重复老一套，遵循第 24 章《情感健康》，请朋友们
帮助你。以下是一些不健康的约会模式的例子：

(1) 当你感到被某个人强烈吸引时，你会放弃一切去追
求他，不管也不顾你生活的其他方面。

(2) 当你喜欢某个人，你会渐渐不再讲出自己的想法或
是坚持你自己的观点。不论她想要什么，你让自己
总是迁就对方所要。

(3) 当你感到被某个人吸引，却无法主动，你不会去追他，
你害羞、退缩，而不是积极地在他面前活出自己。

(4) 你找到一个你喜欢的人，但是如果感到一丝的被拒
绝，比如她另有计划或是约会进展不顺，你就消失了。

(5) 你开始和一个你喜欢的人约会，但是你们彼此越是
交往和走近，你越是能找到他的"不对"之处，你
以此为借口拒绝他。

(6) 你开始约会某个人，然后很快就放弃坚持身体接触
的界限。

(7) 你十分喜欢某个人，但是等到他开始喜欢你，不知
什么原因，你觉得他不再吸引你。

(8) 你看到千百个原因，觉得某个人不是"对的人"，但
等到她不想要你时，她在你眼里变得妙不可言。

(9) 你喜欢上某个人，但等到她开口抱怨，你就视她为啰唆婆，去另找相处"容易些"的人。

(10)你和某个人约会几次之后，担心这会看起来太"认真"，于是你走开。你对这个人太有责任感，感觉好像不能不先承诺就约会，所以你要么和对方保持距离，要么太快抽身。

(11)你停留在一段不是恋爱关系的关系里，你俩都感觉舒服，但是你知道这不是你想要的，"聊胜于无"，总好过孤单一人无所事事。你陷在一种伪友谊和伪恋爱的关系中。

(12)你被"水中月"吸引，得不到她可能是因为年龄、距离、社会地位差异或是其他原因，但是你只能够爱上你得不到的人。

(13)你找到一个你喜欢的人，就放弃约会其他人，你每个阶段只约会一个人，而不是同一个时期约见很多人。总体看，你只能约会有限的几个人。你结识新人的数目"很低"。

(14)当你的约会对象显露出人品缺陷，你本该将其当作放弃她另寻芳草的信号，却被你解读为自己有问题，努力去取悦那个人，希望她爱你，例如，她情感冷漠或是缺乏反馈，但你试图取悦她去赢得她的爱。

　　这些只是几个常见的"模式"，他们都有某种特定的人格功能不良的人与之匹配，这也是为什么会有小鹿乱撞、神魂颠倒、相互吸引等常见戏码。关键是要识别出固定模式，然后终止它。当一段感情感觉似曾相识，这是在提示你曾经处在类似境地。

　　下一步你要改变，不再按你的"自动驾驶"模式所设定的去做，取代那些通常你做的不健康的事，选择做健康的事，一遍一遍地重复这样的取代，然后，你将逐步改变你的模式，经历成长。

　　姗迪有个模式，她会爱上一个男生，两人的交往会有个良好的开端，然后他会开始疏远，这时，她会使尽浑身解数，试图把他拉近，当她感觉他在情感上向她关闭并抽身远离时，她会心痛且绝望地渴望他。她和我讲了这个模式后，我告诉她记约会日记，写下她和他在一起时的感觉。

　　一开始，她说她被"爱"吸引，她感觉好像她"爱他"，她渴慕他，喜爱与他"在一起"。但是随着我们的交谈，事情得以澄清，被她称之为"爱"的，其实是她不曾得到满足的渴望。她很孤独。和他在一起，没有任何一件事情真正令她满足。我让她留心细察她在约会中和约会后的情绪感觉，她写得越多，她越能够把"想要他"的噪声从她的头脑中清除出去，看清楚和他在一起究竟是什么样子，那是种孤独的经历。和这个男人在一起意味着孤独，没有别的。他就是那样的一个人。

她理解了那一点之后，不再用"自动驾驶"的模式回应他的疏离，不去寻求他那颗得不到的心，她掌控方向盘，主宰自己的行动。她没有去追逐他，使他更爱她。爱人，那是他不具备的能力。她问自己："和他在一起我感觉孤独，我真的想要一个这样的人吗？那是我渴求的吗？我想要和这样的人一起过日子吗？和他在一起，好像是我孤身一个人。当我努力去爱一个人，我想感到被拒绝吗？"显而易见，她的回答是：不。她打电话告诉他，他们两个人结束了。

几个月后，她被一个完全不同类型的男人吸引，现在她嫁给了这个能表达情感的男人。如果她没有识别出自己的模式，关闭"自动驾驶"模式，掌控方向盘，她还会在原地打转。你需要搞清楚致使你停滞不前的行为模式，然后叫停。在约会的每个阶段，都握紧自己的方向盘。

(1) **启动阶段**。你会在自动状态下做哪些事？害羞地躲开？消失到"背景"中？强势压制别人？等待他或她解开你的密码组合，打开"保险箱"，再破门而入，和你结识？你会做出一点儿的努力，但遇到最微小的障碍，就会躲开吗？如果你保持你目前的模式，你会继续得到相同的结果。

(2) **结识阶段。**你经常妥协吗？你给人强势的印象吗？你会表现得好像毫无兴趣，根本不回电话吗？你情感冷漠，封闭自己吗？你太装腔作势吗？是随叫随到吗？一起用餐，沙拉还没上，你就会开始讲生养小孩的事吗？因为你喜欢那个人或是你太恨嫁，你会忽视他的问题吗？你会讲你的前任们吗？

(3) **约会阶段（包括第二次见面和之后）。**你会很快透露太多信息吗？你会羞怯、逃避吗？把约会看得太严肃而缺乏趣味吗？你过分解读，想太多吗？你太快放弃其他约会机会吗？你以前约会过这种类型的人但失败了，再见到此类型没能识别出来吗？

(4) **恋爱阶段。**当你该离开时还会久久流连吗？你会站出来抵制破坏性的模式吗？你会勉强接受你并不想要的东西吗？你害怕承诺吗？你不关注你内心的怀疑和"微小柔和的声音"吗？

请找出对你不利的"自动驾驶"模式，作出改变。如果你写一个不同的剧本，你会有个不同的结局，但是如果你接着按同一个老剧本表演，你只能看到旧有的对象返场。掌控好方向盘！

第四部分

聚焦重点

第 30 章

这份友谊能升温吗

你们做朋友已经很久了，这段关系一直是柏拉图式的，并没有进一步发展，但是你爱这个人，喜欢他或是她的陪伴，你认为他或她是那种你希望能认真交往的人。这段关系有可能进阶吗？应该进阶吗？

这个进退两难的处境没有一个正确或错误的出路，但是根据我辅导过很多单身的经验，我知道很多个体的情况都有不同的问题、答案和结果。这里有一些看法可以帮助你思考你目前与一个异性朋友的友谊能否升温。

友谊是美好的

不论怎么说，所有约会关系都应该从友谊开始，即使你被一个人强烈吸引，你也不应该立刻陷入罗曼蒂克或是成双结对的关系。约会就是要了解一个人，分享、交谈、一起做事以及探索灵性问题，而这就是朋友之间所做的。所以，从某种意义上讲，恋爱都应该从朋友做起。如果你们现在是朋友关系，这不一定是"问题"。

友谊有可能进一步发展

从"朋友"开始，两个人之间的关系有时会发展成"不仅仅是朋友"，无论用什么词来描述这个过渡，两个人的关系都会进入另一种动态，心灵的不同层面和上帝创造的不同的爱的形式也会出场。随着两个人彼此了解，天时地利人和具备之时，他们的友情会自然地质变成不同的爱情。友情到恋情的转变进行得好时，他们之间的关系是自然和相互的。但是，大多数情况下，两个人的时间表不会完全同步，一个人通常比另一个人略微领先一步，但是他们在同一条路上。

友谊没有进一步发展的三个理由（及如何应对）

若朋友没有自然发展为情侣，可能有三个原因导致友谊不能进阶。第一，友谊有进一步发展的可能，但是前进的道路上有障碍。第二，其中一个人朝着恋爱的关系推进，而另一个人则没有此意。第三，这份友谊将永远保持为友谊。让我们看一下这其中的三个原因。

1. 你们从来没有捅破那层窗户纸

第一种情况，如果你已经竭尽所能，尝试了各种方法，你们的友谊还是没有进一步发展，请在某个时点问一问"为什么"。是因为你们两个不曾捅破那层窗户纸，以"那样"的眼光看看对方吗？还是因为你们俩都有过失败的恋爱经历，不肯冒险？现在你们该讨论一下并问一问："你是否想过为什么我们俩没约会过？"

你可能会意识到，没有充分的理由，你们的友谊不可能进一步发展成爱情。你们这样交谈之后，很可能你们俩都醒过来。有好多女人告诉过我："他一直在那里，但因为他是我最好的朋友，我从来没有往那方面想。"当他们终于敞开自己，面对这个选项时，他们的关系得到了进一步的发展。

你可能还会发现有些问题必须解决，例如一个人或另一个人，可能需要在某些方面有所成长。或者，他可能曾经是你朋友的男朋友，而你从来没有那样看过他，或者她可能生活在不同的州，或者比你大几岁。还可能有很多其他问题。

2. 只有一个人希望友谊进一步发展

第二种情况，如果只有一个人坠入爱河，你则必须找出原因。友谊没发展成爱情，是因为这份友谊就不会发展为爱情吗？还是因为对方不知道你爱上了他或她，所以友谊没有进一步发展？他或她是否需要被邀请，来以这个角度看待你们的关系？他或她对发展成恋爱关系感到恐惧吗？一些非常好的恋爱关系开始于朋友之间，其中一个人需要培养另一个人，带领他或她进入另一种性质的关系，因为另一个人心中有恐惧。他们需要面对和克服这种恐惧，这需要耐心，会花很多时间。

但是，关键要记住，如果你"想要更多"而没有发生，那么在某个时点，你必须放弃并继续过你的生活。不要陷入等待你的朋友爱上你的过程中，如果没有理由相信你会等得到，那就让友谊继续，享受友情，但不要一辈子把爱情的希望寄托于此。

3. 这只是一份友谊

第三种情况，接受这是一份友谊的现实。世上没有规定要求朋友应该把友谊升华，把异性朋友的情谊转变成浪漫的爱情。如果没有发展的可能，很好，那是件好事，不要强求，不是爱情就不是。你需要好朋友！不要试图转化成爱情而搞砸了友谊。

警告

这是一个重大的警告：如果你的约会情况不顺，无法超过友谊的友谊关系让你长期停滞不前，那么请你别再继续如此维持这段关系。如果是你们两个人互相依靠，以应对缺乏约会的生活，有时你们甚至会闯入伪浪漫的领域，但你们俩都知道自己不认真，那么请你别再继续如此维持这段关系。停止那种类似拐杖的行为，努力学习如何行走，这样的友谊不健康，它无法帮你接近你想要到达的地方。

这并不意味着你的朋友不能满足你的人际关系需求，提供主要的关系支持体系，我在这里讲的是懒散、倒退式的友谊，你们俩互为依靠，但你们都不为你们真正想要的关系作出任何努力。这与另外一种友谊大不相同，那种友谊推动你朝着你的目标前进，帮助你成长，从而实现你所想要的。让你的友谊促使你成长、冒险、走出困境，而不是给你个伴儿一起陷在停滞不前的状态中，这对你俩任何一个人都没有帮助。

第 31 章

美貌停留外表，品格深入骨髓

我真的需要在开篇就讲个故事，来说明本章的要点吗？我对此表示怀疑，你脑海中可能就有现成的故事。我希望你抓住的要旨如下：

虽然你可能会被某人的"外表"所吸引，但从长远看，你体验到的是他们的"内心"。

换句话说，一个人外在的很多显而易见的东西，对我们人类来说确实都是"美丽的"。想想有哪些东西可以吸引你关注某个人：

- 外貌
- 智力
- 成就
- 人际交往能力
- 技艺
- 才华
- 风格
- 礼貌
- 地位

- 魅力
- 幽默感
- 学位
- 事业
- 品位
- 灵气
- 经济地位
- 权力
- 名气

这些东西最初可能会吸引你，甚至会让你兴奋。其中许多都是美好的事物，美丽是悦目诱人的；丰富和清晰的头脑吸引人，人类的成就、事业和教育也如此；了解别人以及他们所做的令人着迷的事，都能成为人们开心、有趣的谈资和互动的话题；一个在商业、政治、娱乐和教育领域成功登上权力巅峰的人，很可能魅力十足；倾听人们讲述他们做过什么事、如何做事，以及他们有什么样的特殊才能令他们取得今天的成绩，这样的故事使人开心又着迷，有吸引力，有趣，性感。这一切都健康美好，这些都是人与人之间产生吸引力和兴趣的一部分原因。人可真棒！

但是对人产生兴趣和长久地喜欢他们是截然不同的两件事。唯有人品能长久，或者，我应该说，唯一能让一段关系长久的是人品。比如，你无法"体验"别人的高学历，你只能体验你对他们的倾慕之情，还有这个素质对你的吸引力，但是那股力量会渐渐磨灭消失，我再说一次：那股力量会渐渐磨灭消失。但是，一个人的内在，他们的人品、他们的性格是你在婚恋关系中要亲身经历的，经过一两次约会以后，这些是你要特别仔细观察的。

我说过几乎人人都要"见面认识一下"，要是你的兴趣被调动起来，就表达出来自己的兴趣。但是，像"渴望某个人""想要某个人""敞开你的心扉"以及更严肃的"以身相许"或者"承诺一生"，对象则应该仅限于品格好的人。

先前我说的扔掉你的要求清单，我指的是约会和结识新人。放弃那一长串的先决条件是为了让你了解并发现对方是什么样的人，以及你自己是谁；是为了发现那些你喜欢但自己没意识到的事，或是发现那些你原来看重但其实不重要的事。这好似逛街购物。

但是，有时我们需要列出要求清单——当你考虑要为某个人付出真心时。在这个时点上，你最好提出要求，而且这些要求不应该与身材、职业、身高、体重、兴趣爱好等挂钩，你的要求应该是关于一个人的品格。

我们可以看看以下这些：

- 这个人可以在情感上与人连接吗？她和你在一起时，人在心也在吗？当你与她在一起时，你是否感觉被听到、被倾听，有和某个人在一起的感觉，而不是感觉孤身一人？

- 这个人允许你有个人自由，做与他人分离的独立个体，有自己的选择吗？或者，他试图控制你、惩罚你的自由或独立，或者不尊重你的选择吗？

- 这个人尊重你的界限和你说的"不"吗？

- 他做事能坚持他的方法，也能采用"你的方法"吗？他自私、以自我为中心吗？他能像在意自己的心愿那样，在意别人的心愿吗？

- 她有自控力和自律性吗？还是她冲动或不负责任？

- 他是一个完美主义者吗？他要求你完美而不是容许你做真实的自己、有缺点吗？他表现得好像他"万事尽在掌握之中"吗？他更注重追求"理想的自我"而不是做真实的人吗？

- 她雄心勃勃不断进取，还是能够享受生活和人际关系？

- 他会直面他的痛苦、软弱和问题吗？当他出错时，他会承认错误、请求原谅吗？他会饶恕他人和接纳自己

"不好的部分"吗？还是他经常指责和"审判"别人？

- 生活中，她有自己的兴趣、追求和热衷的事吗？还是她过着随波逐流的日子？她会全力以赴、无所保留地做事吗？

- 他会放下自己，做些服务他人或服务这个世界的事吗？

- 在性的方面，她感到自在吗？她会谈性色变吗？她有不得体地表现性欲的行为或是性界限不清吗？她给你压力要发生性行为吗？

- 他自负傲慢吗？他看上去自以为高人一等吗？或者他感觉不如别人，到了需要逃避生活的程度吗？

- 尽管她已是成年人，但是看上去好像没"断奶"吗？她会从父母那里获取不合宜的帮助吗？她依然试图取悦她的父亲或母亲吗？她长大成熟了吗？

- 他尊重权力吗？能服从权力吗？

- 遇事她能站出来掌控局面吗？即使有人不喜欢她的立场，她能说"不"并坚持到底吗？

- 他能接受别人的质疑吗？他经常有自我防御的行为吗？他能听进去别人抱怨他的话吗？当他的行为伤害到别人，他能改变他的行为吗？

- 对于自己想要的，她能坦诚而不含糊地讲出来吗？

- 他忠诚可信吗？他诚实无欺吗？他正直且言行一致吗？

- 她经常指责别人，把自己当作"受害者"吗？

- 他说谎吗？她可以信任他讲的都是真话吗？

- 她的生命在成长吗？

- 他自觉地履行承诺，还是需要你去敦促他？

- 他面对自己的"问题"，认真处理过以前发生的事吗？

- 当你有错或是她不喜欢你的某些言行时，她会当面直接告诉你吗？她是带着怒气还是带着爱，来和你直面相对？

- 他有尚未解决的情绪问题吗？他很容易动怒吗？

- 她很刻板生硬吗？她的生活是一系列严苛的规条，还是会考虑现实和关系？

- 你看到对方的个人习惯体现出的品行有问题吗？

- 她有什么样的婚恋史？如果有问题，已经通过辅导解决了吗？还是你会是下一个受害者？

- 他会与人沟通还是封闭自己？他会正视冲突，和你一起解决吗？他会使用打压或讥讽等不良手段吗？

- 两人关系出问题时，她会"缩回壳里"还是找你沟通？

- 他有瘾症吗？他嫉妒人吗？猜忌吗？小肚鸡肠吗？满怀苦毒吗？愤恨抱怨吗？常搞分裂或拉帮结伙吗？他是一个在社会阶层或地位方面努力往上爬的人吗？

- 她同情和关心受过伤害、弱势群体和生活不幸的人吗？
- 他有长期的好友吗？

我知道，这些烦冗乏味，但与有严重性格问题的人一起生活也是如此。请记住，无论这个人是什么样的人，如果这是性格问题，如果那个人不承认自己的问题，也不愿意获得相应的帮助，他就不会改变。你无法改变对方，除非你不迁就对方的问题并成为对方寻求帮助和改变的动力。等对方看到自己的问题并直面解决问题时，你才能相信你所看到的改变。

这不是什么高科技，请相信你的直觉、感觉和感官。成熟的人会用自己的感官分辨好事和坏事。倾听你的情感以及与这个人相处的感受，而不是他的吸引力、魅力和"令你着迷"之处。在你与那个人相处的当下或是身处在恋爱期间，你要"体验你的体验"。这些是你要长期面对的，而不是那些理想化的爱慕、青睐或痴迷等。到了一定时候，你要看清那个人的真实面目。

在你观察和了解对方期间，请先收好你的心和承诺，要等到你能证明他或她有好的品行，是个好的人选之后，才能将心和承诺给出去。这里有份不错的总结，来自我和约翰·汤森德合著的《安全的人》一书。对你有益的人，假以时日将对你产生以下影响：

(1) **你会与他人更亲密。**你与他人的关系会变得更亲密，并且你与他人相处的能力会增强。你对他人的信任会有增无减，你会更加敞开自己，不是封闭自己，或是好像被绑架进入这段关系后，就从朋友面前消失了。和这个人在一起的一个结果是，你处理人际关系的能力得到了发展。

(2) **你会变得更加是你自己。**这样的关系会帮助你，更多发现你是谁，而不是因为在她身边，致使你失去一部分的你。你会得到扩展、成长、延伸，并成为一个更好和更完整的"你"，而非变得不是你自己。

因此，约会时要守护自己的心。学习、体验并享受约会的乐趣，只把你的心留给值得的人。你的心是珍贵的。"不要把圣物给狗，也不要把你们的珍珠丢在猪前"，它们将践踏你的宝贝。

遇到好人则相反，他们是存放你内心宝贝的"保险箱"。只能储存在那里，因为他们有好的品格，你可以真正放心地把你的宝贝交给他们。如果这样做，不仅你的宝贝是安全的，其价值还将增长。那样的人正是你要寻找的，一个你可以付出真心的人。在那之前，玩得开心，但是好好守护你的心！

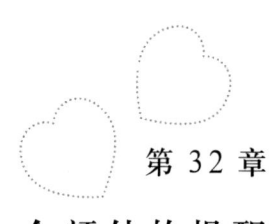

第 32 章

七个额外的提醒

当你开始按照本书中的步骤进行操作时，可能会遇到一些意想不到的状况——恐惧、障碍或挑战，它们可能会放慢你们的进度。我想讲一讲其中的几种状况，它们互不相干但我认为都比较重要，如果或是当你碰到这些情况时，我希望你是有备而来，能够应对它们。

突破恐惧，不怕被贴标签

我经常听人说的一件事是，有些人不想"说约会就约会"，因为他们有顾虑，害怕如果开始约会，就会有人马上给他们贴上"一对儿"的标签。他们担心一旦与别人见个面，随便喝个咖啡，以后就没人会约他们出去。所以，他们的悖论是，为了能约会，他们不约会。这听起来有点事与愿违，自己打败自己了，你不觉得吗？

结果确实这样，在大多数情况下，怀这种心态的人会停滞不前，滋生这种心态的人的社交圈子也是死水一潭。

你可以做两件事来解决这个问题。首先，克服它，战胜对被贴标签的恐惧。你的生活，不容许他人来发号施令。如果他们除了谈论你的约会情况，没有什么更好的事可做，那就让他们这样做好了。随着你开始约会并继续与其他人结交时，最终他们会意识到你们不是一对。

其次，如果你所在的群体有该现象，那尽你所能改变这种文化，为此发声，说出你的观点，两个人作为朋友花时间在一起、彼此了解，不等同于严肃的恋爱关系，应该没人期望能很快收到结婚邀请！尽你所能，让约会重新流行起来。

摆脱伤害别人的恐惧

当人们约会时，有时其中一个人对双方的关系比另一个人更感兴趣，在某个时点，那个兴趣不大的人会意识到，这段关系不会有超乎友谊的发展，此刻应该找对方"摊牌"了。

很多人因为非常害怕伤害到一个对自己日渐依恋的人，所以就完全避免约会。

解决此问题的最佳方法是始终保持诚实。不要欺骗对方，也不要夸大地表现出自己感兴趣，这样的行为会过快、过高地提升对方的期望值。大概多数单身人士在此时或彼时都犯过这样的错，因为人很容易这么做，特别是在恋爱关系初期。另外，还有一点很重要，如果你一直表现得诚实坦率、光明磊落，那你对别人的情绪不承担任何责任。他或她是成年人，是自愿选择进入约会领域。但是，这并不意味着你可以为所欲为，然后将结果归咎于对方，要己所欲施于人。

约会是这样的一段时期，你们去了解某个人，然后基于你们对彼此的了解，你们搞清楚下一步想怎么做。约会有风险，不是理论上的风险，那是约会的本质。当你约会时，你所参与的活动包含被人拒绝的风险，像你一样，你的约会对象已经同意承担这个风险，他或她也有自由作出决定不与你进一步发展下去。风险，双方平等分担；风险，也是成年人生活的一部分。

这样约会的结果是，人们有时会受伤，如果发生这种情况，有人会感到失望、悲哀和伤心。我们都必须面对生活中的失望，没有人能幸免。分手是令人伤心，但是你决定不再与某人发展关系并没有去害人，但可能会引起伤害，加害和伤害是不同的。若你做一些欺骗性的事情或使对方对两人关系或对自己失去信心，那是加害别人。若你决定不想继续一段关系，这本身并不是加害对方，但是对那个人会有伤害，会令人伤心。如果对方确实感觉被加害，则他或她还带着过去在其他关系中所受的伤害，你提出分手这事放大了他们的旧伤，这些不是你提出分手造成的。约会，要友善和言行明确，但也要磊落和诚实。

只与成年人约会

如果你正在考虑是否要进一步发展关系，那要确保对方是个情感独立的成年人。此人是不是个过于依赖妈妈和 / 或爸爸的"巨婴"，要留意有没有这方面的提醒信号。只与成年人约会。成年人是已经"离开家"的人，并且他们主要从成年人的社群而不是父母那里获得情感和灵性的支持。如果你注意到你的约会对象不合理地依靠着父母的支持，那就是一个要警醒的信号，我不是说父母的支持不好，而是要接受适当、合宜的支持，成年人不应在经济、基本生存、作决定、前进方向、认可、灵性生命或其他方面过分依赖父母。如果你发现自己的约会对象是一个情感上没有离开家的人，那说明你正在约会一个青少年而不是一个成年人。此时要慎重！

安全第一

本书的大部分内容是结识新朋友。这意味着你对与你见面的人，并不是都很了解，所以你要小心谨慎。约会安全很重要。

大部分约会"安全须知"都是常识，就像你不会把个人的生活信息给街上的陌生人，对你还不熟悉的约会对象也不能毫不设防。例如，如果你通过婚介服务结识了一个人，要当心，不要过早披露太多个人信息。

这个原则对其他渠道结识的人也适用，当朋友把你介绍给某个人，你的朋友未必了解在约会的场景中，他或她是什么样的人。他们也许知道他在工作场合是个挺好的人，但是男女的婚恋关系有时会带出来一个人的另一面，在工作或生活中其他场合没有显露出来的另一面。请记住，其实你不了解这个人！

我不是要吓唬你，但是一定要记得结识新人意味着你还不了解他或她，这很重要。约会也有好的一面：你逐步了解一个人，也许有美好的事在等待着你。但是，万一结果不是这样呢，到你真正了解这个人是谁之前，你都要谨慎。

对你不很了解的人，或是你的介绍人不十分了解的人，都要小心谨慎。要在公共场合见面，或带上朋友一起见面。如果你接受婚介服务，就要研究他们的筛选方法、安全守则以及 / 或者安全建议；阅读指导网上婚恋交友的书籍。

要确保自己对某个人有相当多的了解，再同意单独相处或者给对方事关你人身安全的信息，比如你的住址、家里的电话号码和通常能找得到你的地方。如果可行，只给你的手机号码或者单位电话，以及你什么时间方便通话。不要让你不认识的人知道你家电话号码。或者你可以申请个只用于约会的免费邮箱，与你通常用的邮箱分开，你若想长期保留常用邮箱，就需要格外保护。

不论一个人给你什么样的印象，不论你能假定他或她怎么样，事实是，你不了解这个人。不要因为他或她和某某人有关联，或是他看上去是成功人士，去某教会，或者和朋友的朋友是同事，就假设对方没问题。

请记住，结识新人是好事，只是这样做时，行动要谨慎并运用智慧作出判断。

考量朋友因素

对于你要了解的某个人，另外一个情况要考虑的是他或她和朋友之间的关系。这个人有朋友吗？是长期的友谊吗？男性朋友和女性朋友都有吗？这个人的朋友群体和人际支持系统的本质是什么？他或她在一个好的群体中"有根有基"吗？

拥有长期的朋友共行人生路是个好的信号，这不代表一切，但也说明一定问题。一个没有长期朋友也没有扎根在一个群体中的人，你应该在头脑中拉响警钟，你甚至可以把它视为"禁行"的路牌。我很难想象在什么情形下，你可以信任一个没有长期朋友的人。和这样的人交往，你可能会马上被当作此人的整个人际交往群体，这绝非好事。我们可以根据他或她拥有何种友谊来更深入地了解这个人，这人有长期的友谊吗？他们是什么样的朋友？那能给你提供很多信息。

在别处寻求自我形象

在我最近的研讨会上，有个单身的男人说他不喜欢约会，是因为害怕对方不理睬自己或者被拒绝。我回答说："我绝对希望真的有人不理睬你或者拒绝你！希望有很多人这么对待你！有人拒绝你，意味着你有邀约过很多女生，数目多到你会被各种各样的理由拒绝。但是，如果你邀约过很多女生，你一定更有机会做得更好。"

期待被拒绝。它是这个游戏的一部分。不要赋予一个潜在的对象权力，来替你决定你是否可爱、招人喜欢或者值得追求。从你的朋友和你的信仰群体那里获取你所需要的爱和认可；先建立你需要的安全感，从那里出发，作为一个有安全感的人，进入约会领域。当你被拒绝，你可以和朋友们一笑了之，接着约会。

被拒绝只是一个学习的过程，证明你已经尝试过，仅此而已，不要再想更多。如果被拒绝的理由是你能改变的，比如因为你表现得太强势或其他个人特点，那从中汲取经验教训，学到了再前进。不论怎样，不要让别人的拒绝影响到你这个人。去别处获取个人认可，证明你该存在。从一个军人的角度看待约会（我希望这个表达不具有对抗性，原谅我的比喻），你从你方阵营得到供给，冲向战场，然后回来再得到供给和援助，回到那里舔舔伤口。

最重要的，开心约会！

请记得，约会原本不是要让你的生活痛苦，约会是你要成长——生命、人格、关系的成长，并且有好的经历。不要让约会击垮你，不要把你过多的"投资"放在一个约会或一个人身上，大千世界还有上亿人单身。在开始伟大的约会之旅以前，就事先下定决心，要开心愉快，如果最后的结果是你结婚了，这会是你仅有的一次还能无忧无虑地约会的机会，享受吧！

教练之道别心语

　　我收到一对夫妇的电子邮件，他俩践行了你刚读完的本书的指导，凭此结识了对方并成功地喜结连理。邮件中讲到他们目前多么享受婚后甜美的相携相伴，相形之下单身岁月的"约会无望"已经不堪回首了。我作为一名心理学家，每每看到人们走出情感荒漠，抵达生命丰盛之地，总是很开心。

　　这对夫妻品尝到了现实中童话般的圆满结局，但回顾他们的历程，并非一路轻松愉悦，尽都美好，而是有其价码：

　　这一切来之不易。

　　他们夫妻二人都严格地执行了本书的指导，认真努力，肯冒险，不怕被拒绝，不怕尴尬，经历痛苦，挑战自己不曾做过的事，失败过，并在这个过程中学习并得以成长。

在我即将搁笔道别之际，我要提醒你，人生中一切有价值的事情，包括约会，都需要经历努力、冒险、痛苦与失败才能得到。想想你如何取得事业上的成功，是从天上掉下来吗？当然不是，你提高自身素质，增长工作技能——需要努力付出。怎样才能有个美满的婚姻？问问过来人，他们会告诉你相同的答案——需要努力付出。你如何保持身材？相同的答案。

约会亦然：你需要付出努力。我希望在你前行的过程中，你不仅记得这一点，同时还要记住：

你的努力值得。

如果没有回报，没有人会为之付出努力，事实上，有些人正是因为得不到什么回报而完全放弃了约会。然而我由衷地相信，如果你践行本书中所学的内容，回报将是巨大的，因为约会不仅是约会而已，它事关人格和灵性成长。我期待你从这个角度出发着手执行这个项目，你若如此行动，那你不仅仅会找到约会对象，你会首先经历人格的成长，当达到了一定的做人成熟度，瓜熟蒂落，你会找到对象。

生而为人的成长、成熟正是你我的期盼，我们都容易忧虑生活中的种种状况，包括为婚恋忧虑。我们执着于如何解决这个问题，如何找到对象，继而如何让婚恋顺利。这是我们的现实问题，但是我们首要的行动不该是盯着婚恋或生活中别的问题去直接发力解决。人生首要的事永远应该是个人的生命成长，因为人生命成长了，才能孕育、结出我们向往的果实，"你们要先求他的国和他的义，这些东西都要加给你们了"。

当我们寻求生命，并日渐进步成长，我们将会越来越多地收获我们所追寻的。约会也是同理，因着你的成长，约会状况就会有所改变；因着你变得更健康，你会吸引到很多人，但吸引到对你人生无益的人的概率会降低；随着你心灵变得越来越健康，你将更有行动力，能够做出积极有效的行动，让约会结出佳果；随着你个人的长大和成熟，你会放弃那些让你停滞不前的模式，你也会更明白自己是谁，自己真正想要什么，并努力实现。

最后留两句话给你。一个提醒：人间不易。一份鼓励：人间值得。我们在人间的约会也如此。我写了这本书，不是在天上画张大饼告诉你约会多容易，好像有些电视广告向人们保证睡睡觉或吃吃曲奇就能减肥。通过此书，我与你分享了我笃信的真笈，如果你只读而不付出努力实践操练，你的约会状况一定不会有任何改变，但是如果付出努力付诸实践，那必定会见到成果。我企盼你能有良好的约会，祈愿你找到值得拥有的对象，并且你自己也能成为这样的对象。